Paris

1885

Spinoza, Baruch, dit Benedictus de

Lettres inédites..;

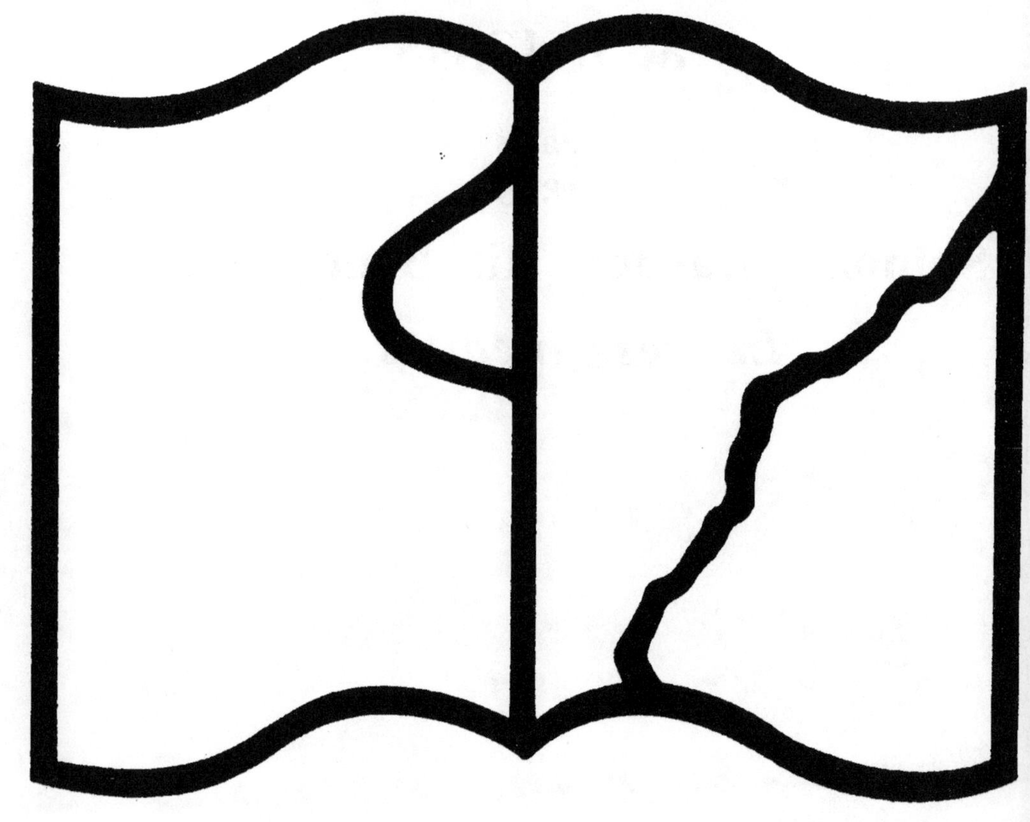

Symbole applicable
pour tout, ou partie
des documents microfilmés

Texte détérioré — reliure défectueuse

NF Z 43-120-11

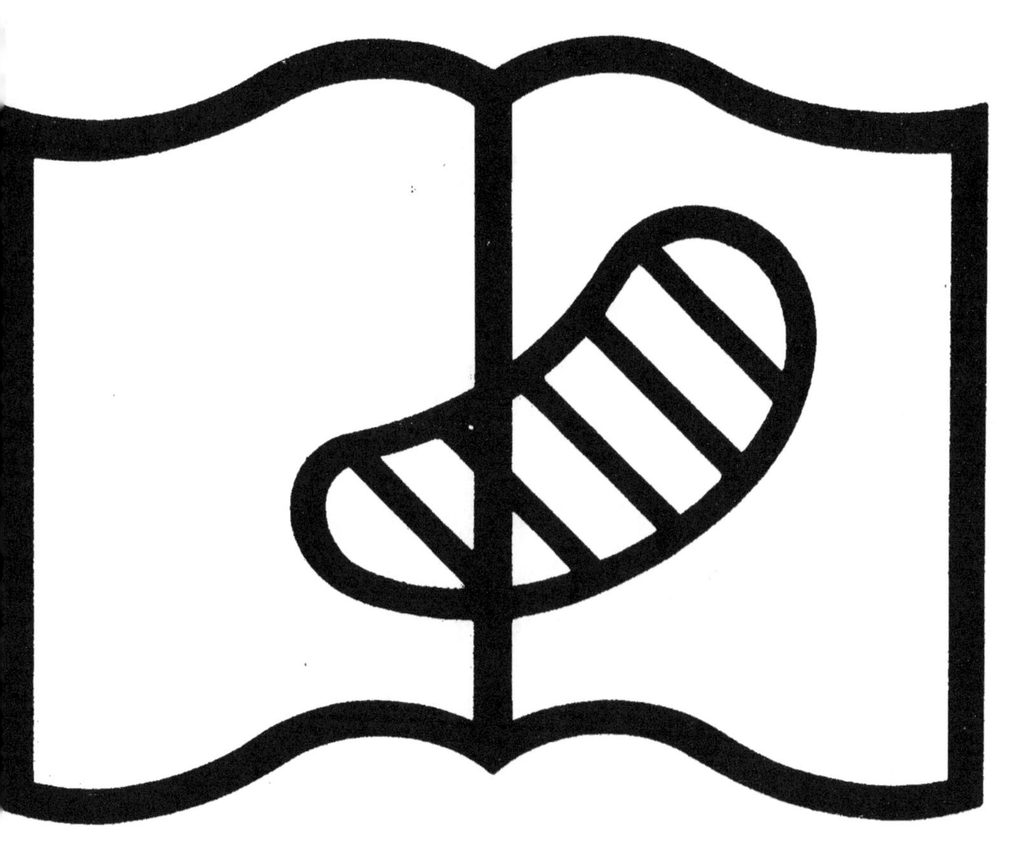

Symbole applicable
pour tout, ou partie
des documents microfilmés

Original illisible

NF Z 43-120-10

LETTRES

DE

B. DE SPINOZA

INÉDITES EN FRANÇAIS

Traduites et annotées par J.-G. PRAT

AVEC PORTRAIT ET AUTOGRAPHE

DEUXIÈME ÉDITION

PARIS
C. REINWALD, LIBRAIRE-ÉDITEUR
15, RUE DES SAINTS-PÈRES, 15

1885

LETTRES

COULOMMIERS. — TYPOGRAPHIE PAUL BRODARD ET Cie.

LETTRES

DE

B. DE SPINOZA

INÉDITES EN FRANÇAIS

Traduites et annotées par J.-G. PRAT

AVEC PORTRAIT ET AUTOGRAPHE

DEUXIÈME ÉDITION

PARIS
C. REINWALD, LIBRAIRE-ÉDITEUR
15, RUE DES SAINTS-PÈRES, 15

1885

A MON AMI

PAUL CHENAVARD

LE PEINTRE DU PANTHÉON

AVANT-PROPOS

En attendant que nous puissions donner au public lettré, si les destins et les hommes nous le permettent, la correspondance complète du grand Philosophe hollandais, nous avons pensé qu'il ne serait peut-être pas indifférent aux admirateurs et aux partisans de ce grand homme, de connaître les lettres de lui qui n'ont pas encore été traduites en français.

Ce recueil comprend donc toutes les lettres de Spinoza, inédites jusqu'à ce jour en notre langue; à l'exception de cinq ou six, fort importantes d'ailleurs, mais qui, roulant presque exclusivement sur des expériences de physique et de dioptrique, pourraient sembler fastidieuses à quelques-uns de nos lecteurs.

Nous n'avons pas suivi, dans cet opuscule, le classement adopté par les éditeurs des *Posthuma*, qui groupent généralement la correspondance de Spinoza, sous le nom des différentes personnes à qui elle est adressée. Nous avons pensé qu'il serait préférable, ici, de suivre l'ordre successif des dates où ces lettres ont été écrites.

Ces lettres, nous en avons la conviction, ne feront qu'établir plus solidement encore l'ampleur de vues, la droiture d'âme, la rectitude de jugement et l'inépuisable bienveillance de caractère du père de la philosophie future.

NOTICE SUR SPINOZA

Benoît ou Benédict de Spinoza, fils de marchands juifs portugais, honnêtes et aisés, qui s'étaient retirés en Hollande pour échapper aux persécutions que subissaient alors leurs coreligionnaires en Portugal, est né à Amsterdam, le 24 novembre 1632.

« Nourri dans les lettres dès le jeune âge, disent ses deux éditeurs et amis, il étudia

1. Nous avons extrait çà et là, et traduit cette courte notice, de la Préface en latin du livre intitulé les *Posthuma*, édité, après la mort de Spinoza, par le docteur Louis Meyer et Jarig Jœllis.

C'est à ces deux fidèles disciples et amis, et au courageux imprimeur d'Amsterdam, Jean Riewertz, que nous devons de connaître les œuvres capitales de l'illustre philosophe. (*Pour de plus amples détails biographiques, voir le Tome I de notre traduction des Œuvres complètes.*)

pendant plusieurs années la théologie. Parvenu à la maturité de son esprit, il se livra tout entier à la philosophie. Les maîtres et les écrivains en cette science ne lui donnant pas toute la satisfaction qu'il désirait, entraîné par son ardeur de savoir, il résolut de tenter ce qu'il pouvait faire par lui-même, dans cet ordre d'idées. Les écrits de l'illustre Descartes lui furent d'un grand secours dans son entreprise.

« Après s'être délivré de toutes les occupations et du soin des affaires qui apportent tant d'obstacles à la recherche de la vérité, et pour n'être point troublé dans ses méditations par ses amis, il quitta Amsterdam, où il est né et où il a été élevé, et il s'en alla habiter, d'abord Rheinburg, puis Voorburg, et finalement La Haye.

« Il ne s'absorba pas tout entier dans la recherche de la vérité; mais il s'exerça aussi particulièrement dans la science de l'optique, tournant et polissant des verres destinés aux télescopes et aux microscopes. Il montra ce qu'il était capable de faire dans cet art; et, si une mort intempestive ne l'eût ravi, l'on était en droit d'attendre de lui les plus importantes découvertes.

« Encore qu'il se soit entièrement séquestré du monde, et retiré dans la solitude, il fut néanmoins en relations avec un certain nombre de personnages éminents par leurs écrits et par leur haute position, qu'attiraient vers lui sa solide érudition et la pénétration de son esprit; comme on le peut voir par les lettres qui lui ont été écrites, et par les réponses qu'il y a faites.

« La plus grande partie de son temps se

passait à scruter la nature des choses, à mettre en ordre ses idées, à les communiquer à ses amis; et il en employait fort peu à se récréer. L'ardeur au travail dont il était dévoré, atteignit un tel degré que, au témoignage des gens chez qui il habitait, il resta trois mois consécutifs sans sortir en public. Bien plus, pour n'être point dérangé dans ses études, et les pouvoir poursuivre au gré de ses désirs, il refusa modestement le poste de professeur à l'université d'Heidelberg, que lui avait fait offrir le Sérénissime Électeur palatin.

« Le fruit de ces travaux fut la publication, en 1663, de la première et de la deuxième partie des *Principes de la philosophie de Descartes*, augmentés des *Méditations métaphysiques;* puis, en 1670, la publication du *Traité théologico-politique.*

« C'est encore à lui que l'on doit le livre intitulé les *Œuvres posthumes*, contenant l'*Ethique* (ou traité de morale), divisé en cinq parties : le *Traité politique* commencé peu de temps avant la mort de l'auteur, et qu'il n'eut pas le temps de terminer; le *Traité de la réforme de l'entendement*, l'un des premiers ouvrages de notre philosophe, et demeuré inachevé; l'*Abrégé de la grammaire hébraïque*, également non terminé; et enfin sa *Correspondance*, aussi complète qu'il a été possible de se la procurer.

« Il est présumable qu'il existe encore, chez tel ou tel, quelque opuscule de notre philosophe, que l'on ne trouvera point dans les *Œuvres posthumes*. Nous estimons, toutefois, que l'on n'y rencontrerait rien qui n'ait été dit fort souvent dans les autres écrits. A moins que l'on ne veuille parler du petit *Traité de l'Iris*, que l'auteur, à la connaissance de certaines personnes, avait composé plusieurs années auparavant, et qui gît quelque part, si l'auteur ne l'a jeté au feu, comme il est probable.

« Notre auteur s'était proposé aussi d'écrire l'algèbre par une méthode plus rapide et plus intelligible, et de composer d'autres ouvrages, comme le lui ont entendu dire, à plusieurs reprises, différents de ses amis. Sans nul doute encore il eût démontré la *véritable nature du mouvement*, et comment l'on peut déduire, *à priori*, *tant de variétés dans la matière*, etc., sujet dont il est fait mention dans les lettres LXIII et LXIV. Mais la mort est venue montrer

1. M. Van Vloten aurait retrouvé ce petit *Traité de l'Iris*, ainsi qu'un autre opuscule intitulé *de Deo*, etc. qui serait le canevas de l'*Ethique*.

que, rarement, les hommes peuvent mener à terme leurs desseins. »

Spinoza est décédé à La Haye, atteint de phtisie, le 12 février 1677, à l'âge de quarante-quatre ans et quelques mois.

Eruditissime Nobilissimeque De

Schedulam, quam mihi dignatus es mittere, legi, magnasque pro eiusdem communicatione ago gratias. Doleo, quod mentem tuam, quam tamen credo te satis clare exposuisse, non satis assequi potuerim. Precor itaque, ut ad haec pauca mihi respondere non graveris.

Vir amplissime

Hagae comitis
9 nov[ri] 1671

Ex asse tuus

B despinoza

Nobilissimo Amplissimoque D°
D° Gotfredo Guilielmo Leibnitio
Juris u. Doctori et Consiliario
Moguntino
Maintz.

Sigillum

B CAUTE

LETTRES

LETTRE PREMIÈRE [1]

A MONSIEUR B. DE SPINOZA

SIMON DE VRIES [2]

Amsterdam, 24 février 1663.

Très cher ami,

Qu'il y a longtemps que je désire être auprès de vous, ne fût-ce qu'un jour! Mais

1. Cette lettre est la XXVIe des *Posthuma*.

Les paragraphes que nous donnons, publiés pour la première fois en latin, par M. Van Vloten, en 1862, ont été supprimés, sans doute par prudence, par les éditeurs de Spinoza.

On y voit, en effet, une chose bien curieuse : c'est la fondation, à Amsterdam, d'une sorte de collège privé ou d'école secrète, où se réunissaient les amis et les adeptes de Spinoza, pour lire et discuter les pages manuscrites qu'il voulait bien leur envoyer, afin de leur enseigner sa philosophie.

Ainsi, dès l'âge de trente ans, Spinoza, en possession de sa doctrine, exerçait déjà une puissante influence sur la jeunesse généreuse et lettrée de son pays.

2. Simon de Vries était un riche bourgeois d'Ams-

le mauvais temps et ce rude hiver ne me l'ont pas permis. Je maudis la fortune de créer ainsi entre nous, une distance, qui nous sépare l'un de l'autre pendant de si longs mois.

Ah! heureux, bienheureux votre compagnon de logis, demeurant sous le même toit, qui peut converser avec vous, à dîner, au souper, à la promenade, sur les sujets les plus élevés! Mais, quoique nos corps soient si éloignés, vous m'êtes bien souvent présent en esprit, surtout lorsque je lis vos écrits, et que je les tiens entre mes mains. Cependant, comme tout n'y paraît

terdam, qui s'éprit pour Spinoza, dont il admirait les doctrines, d'une très vive amitié.

Approchant de sa fin, et n'ayant ni femme ni enfant, il résolut d'instituer Spinoza son héritier universel. Spinoza, averti, représenta très fortement à son ami qu'il ne devait pas déshériter son frère unique, demeurant alors à Schiedam. A force d'instances, il parvint à le faire changer de résolution. Simon de Vries consentit, mais à la condition que son frère ferait à Spinoza, une pension viagère de 500 florins. Spinoza trouva la somme trop forte, et la fit réduire à 300 florins par an, qui lui furent d'ailleurs régulièrement payés jusqu'à sa mort.

pas assez clair à nos compagnons (et c'est pourquoi nous avons repris nos réunions), et dans la crainte que vous ne supposiez que je vous oublie, je me suis déterminé à vous écrire cette lettre.

Pour ce qui est de notre réunion, voici comment elle est instituée. L'un de nous (et chacun à son tour) lit vos écrits. Il les explique comme il les comprend; puis il en démontre toutes les parties, suivant l'ordre et l'enchaînement de vos Propositions. S'il arrive alors que nous ne puissions nous satisfaire les uns les autres, nous avons jugé utile de marquer le passage douteux, et de vous écrire, afin que vous nous le rendiez plus clair, s'il est possible; et que, sous vos auspices, nous défendions la vérité contre les superstitions religieuses et catholiques; dussions-nous soutenir le choc du monde entier.

Ainsi donc, comme toutes les définitions, lues et expliquées dès le commencement, ne nous paraissaient pas suffisamment claires, nous n'avons pu porter de jugement sur la nature de la définition.

Alors, comme vous n'étiez pas auprès de nous, nous avons consulté un savant mathématicien, nommé Borel [1], qui disserte sur la nature de la définition, de l'Axiome et du Postulat, et cite l'opinion des autres sur ce sujet.

Voici quelle est son opinion..... (voir les *Posthuma*) :

. . . .

Je vous remercie très vivement des manuscrits que vous m'avez communiqués par l'entremise de Pierre Balling. Ils m'ont causé une grande joie; mais sur-

1. Il s'agit sans doute de Borel, né à Castres, en 1620, et membre de l'Académie des sciences.

tout le Scholie de la Proposition XXIX [1].

Si je puis ici vous rendre service en quoi que ce soit, je suis tout à votre disposition. Vous vous donnez tant de peine pour m'instruire!

J'ai commencé de fréquenter l'Ecole d'anatomie. Je suis déjà presque à la moitié du cours. Quand j'aurai terminé, je commencerai la chimie; et, suivant vos conseils, je parcourrai ainsi toute la médecine.

J'ose espérer que vous voudrez bien me répondre, et me dis, en vous serrant la main,

Votre tout dévoué,

SIMON DE VRIES.

1. Voici ce Scholie :

« Avant d'aller plus loin, je veux expliquer ici, ou plutôt faire remarquer ce qu'il nous faut entendre par *Nature naturante*, et par *Nature naturée*.

« Il est manifeste, je pense, par tout ce qui précède, que, par *Nature naturante*, nous devons entendre *ce qui est en soi*, et est conçu par soi; en d'autres termes, tels attributs de la Substance qui expriment une essence éternelle et infinie, c'est-à-dire *Dieu*, en tant qu'il est considéré comme Cause libre.

« Par *Nature naturée*, au contraire, j'entends tout ce qui suit de la nécessité de la nature divine, autrement dit de chacun des attributs de Dieu; c'est-à-dire *tous les modes* des attributs de Dieu, en tant qu'on les considère comme des choses qui sont en Dieu, et qui, sans Dieu, ne peuvent ni être, ni être conçues. »

LETTRE II [1]

A MONSIEUR SIMON DE VRIES
B. DE SPINOZA

(Réponse à la précédente).

Mars 1663.

Cher ami,

J'ai reçu votre lettre si longtemps attendue. Je vous en remercie bien vivement, ainsi que de l'affection que vous voulez bien me témoigner. Votre longue absence ne m'a pas été moins pénible qu'à vous-même; mais je suis heureux que mes *élucubrations* aient pu vous être de quelque utilité à vous et à nos amis. C'est

1. Cette lettre est la XXVIIe des *Posthuma*. L'extrait que nous donnons a été publié, pour la première fois, en latin, par M. Van Vloten, en 1862.

ainsi qu'absent je parle à des absents.

Et il n'y a pas lieu de porter envie à mon compagnon de logis; car nul ne m'est plus à charge, et il n'y a personne dont j'aie à me garder plus que de lui.

C'est pourquoi je viens vous prier, vous et tous nos amis, de ne pas lui faire part de mes opinions, avant qu'il ne soit parvenu à un âge plus mûr. Il est encore trop enfant, trop peu d'accord avec lui-même; plus amoureux de nouveautés que de vérité. J'espère, toutefois, qu'il corrigera lui-même ces défauts de jeunesse, avant peu d'années. J'en ai presque la conviction, autant que j'en puis juger par son caractère; et son naturel me le fait aimer [1].

1. Ce jeune homme, dont Spinoza se défiait vaguement alors, était un nommé Albert Burgh, à qui il avait été chargé d'apprendre la philosophie.

Treize ans plus tard, de passage à Florence, en Italie, ce bon jeune homme se convertit au catholicisme. Pris aussitôt du zèle ardent d'un néophyte, il écrivit à son

Quant aux questions proposées dans votre réunion, qui me semble assez judicieusement instituée, voici ce qui vous arrête : c'est que vous ne distinguez pas entre les genres de définitions... (Voir, pour le reste, les *Posthuma*.)

ancien maître, une très longue lettre, vraisemblablement dictée par quelque gros bonnet de l'Eglise, où il s'étudiait à lui prouver, à grand renfort d'injures, l'inanité et l'impiété de sa philosophie, la beauté et la vérité du dogme catholique; où il le tançait sur son orgueil et sa sottise, et le menaçait des flammes de l'enfer, s'il ne se convertissait à son tour et continuait à pervertir les autres. (Voir *Posthuma*, les Lettres LXXIII et LXXIV.)

LETTRE III [1]

A MONSIEUR HENRI OLDENBURG [2]

B. DE SPINOZA

(*Extrait.*)

Mai 1663.

J'ai enfin reçu vos lettres si longtemps désirées, et j'ai pu trouver un moment

1. Cette lettre est la IXe des *Posthuma,* inédite en français.

2. Henri Oldenburg, né à Brême, qui entretint, à différentes reprises, avec Spinoza, une correspondance très suivie, était ministre résident de la Basse-Saxe à Londres, du temps de Charles II. En relations avec le célèbre physicien Boyle, et plusieurs personnages éminents d'Angleterre, il avait contribué à fonder un Collège philosophique, qui devint peu de temps après la Société royale de Londres, dont il fut l'un des secrétaires.

Oldenburg paraît avoir eu pour Spinoza, une profonde estime et une sincère affection. Il le presse, dans toutes ses lettres, de lui dévoiler sans détours le fond de sa pensée. Mais il ne semble pas avoir pu se dégager entièrement des préjugés théologiques concernant les miracles, la résurrection, et les cérémonies extérieures du culte.

Le court extrait que nous publions, se rapporte aux ins-

pour y répondre. Mais, avant de le faire, je vais vous dire brièvement les motifs qui m'ont empêché de vous écrire plus tôt.

Après avoir transporté mon mobilier ici [1], au mois d'avril, je suis parti pour Amsterdam. Là, quelques-uns de mes amis me prièrent de leur donner un Traité contenant, en résumé, la seconde partie des *Principes* de Descartes démontrés selon la méthode géométrique, ainsi que les questions principales qui sont discutées en métaphysique; Traité que j'avais composé précédemment pour un jeune homme, à qui je ne voulais pas enseigner ouverte-

tructions données par Spinoza, à l'un de ses amis les plus intimes, le Dr Louis Meyer, qui s'était chargé d'écrire une préface, en tête de l'opuscule des *Principes* de Descartes, démontrés par Spinoza selon la manière géométrique. (Voyez notre traduction. Tome I.)

1. D'après Colérus, biographe de Spinoza, il aurait été « se loger chez un homme de sa connaissance, sur la route qui mène d'Amsterdam à Auverkerke; » mais il n'y demeura pas longtemps.

ment mes opinions [1]. Ces amis me demandèrent ensuite de leur arranger également, par la même méthode, la première partie des *Principes* de Descartes; et cela le plus promptement qu'il me serait possible.

Afin de complaire à mes amis, je me mis aussitôt à la besogne, et j'achevai cet ouvrage en moins de quinze jours. Je le remis alors à mes amis, qui me demandèrent finalement l'autorisation d'éditer le tout.

Ils l'obtinrent sans peine, à cette condition, toutefois, que l'un d'eux, sous mes yeux, arrangerait ce travail en un style plus élégant, et le ferait précéder d'une Préface, dans laquelle il avertirait le lecteur que je ne reconnais pas pour miennes toutes les idées contenues en ce Traité; ayant

1. Ce jeune homme était Albert Burgh, dont nous avons parlé précédemment.

exposé bon nombre de ces idées qui sont entièrement opposées à ma manière de voir; et qu'il le ferait voir par un ou deux exemples.

L'ami, chargé de l'édition de ce petit livre, me promit tout ce que je demandai; et c'est pourquoi je suis resté quelque temps à Amsterdam. Mais, depuis que je suis de retour dans ce bourg, que j'habite maintenant, c'est à peine si j'ai pu disposer de moi-même, par suite des visites que mes amis ont bien voulu me faire.

Aujourd'hui, enfin, très aimable ami, il me reste quelques moments pour vous apprendre tout ceci, et vous expliquer en même temps les raisons qui m'ont déterminé à laisser paraître ce Traité.

Peut-être, à cette occasion, me suis-je dit, se trouvera-t-il, parmi ceux qui occupent dans ma patrie les premières fonctions, quelques-uns d'entre eux désireux de connaître mes autres écrits, que je reconnais pour miens. Et, alors, ils prendront les mesures nécessaires pour que je puisse les faire paraître sans aucun inconvénient.

Si les choses se passent ainsi, je n'hésiterai pas à publier immédiatement certains de mes écrits; sinon je garderai le silence, plutôt que d'imposer mes opinions aux hommes, contre le gré de ma patrie, et de me les rendre hostiles [1].

Je vous prie donc, honorable ami, de vouloir bien attendre jusque-là; et alors vous recevrez, ou le Traité imprimé, ou son abrégé, comme vous me le demandez. Et si, dans l'intervalle, vous désirez avoir

1. On sait que, plus tard, les théologiens protestants, non moins tolérants que leurs confrères juifs et catholiques, obtinrent des magistrats d'Amsterdam, par leurs criailleries, l'interdiction du *Traité théologico-politique* de Spinoza.

un ou deux exemplaires de celui qui est présentement sous presse; dès que j'aurai reçu votre réponse, et trouvé en même temps le moyen de vous faire parvenir aisément ce livre, je m'empresserai de déférer à vos désirs.

. . . .

LETTRE IV [1]

A PIERRE BALLING [2]
B. DE SPINOZA

Woorburg, 20 juillet 1664.

Cher ami,

Votre dernière lettre écrite, si je ne me trompe, le 26 du mois dernier, m'est bien parvenue.

Elle m'a accablé d'une grande tristesse et d'une grande inquiétude, bien qu'elle m'ait fait apprécier à leur juste valeur, la sagesse et la fortitude d'âme dont vous avez su mépriser les maux de la fortune, ou plutôt de l'opinion publique, au moment où elles vous frappaient de leurs plus

1. La XXXe des *Posthuma*, inédite en français.
2. Pierre Balling était un affilié du collège spinoziste.

rudes coups. Mon inquiétude cependant s'accroît de jour en jour, et c'est pourquoi je vous prie et vous supplie, par notre amitié, de ne pas trouver trop pénible de m'écrire longuement.

Quant aux présages dont vous me parlez; à savoir que, tandis que votre fils était en bonne santé et bien portant, vous avez entendu des gémissements pareils à ceux qu'il poussait, alors qu'il était malade, et que peu de jours après il trépassait, j'estime que ces gémissements n'ont pas été véritables, mais un effet de votre imagination. Car vous dites que lorsque vous vous leviez du lit, tendant l'oreille pour ouïr ces gémissements, vous ne les avez pas entendus aussi nettement que tout d'abord ou plus tard quand vous vous êtes rendormi. Ceci montre assurément que ces gémissements n'ont été qu'une pure imagination.

Et cette imagination, libre et abandonnée à elle-même, a pu imaginer plus vivement et plus fortement certains gémissements, que dans le moment où vous vous leviez pour diriger votre audition vers un endroit déterminé.

Ce que je dis ici, je puis l'expliquer et le confirmer par un autre fait, qui m'est arrivé l'hiver dernier, à Rheinburg.

M'éveillant, un certain matin, aux premiers rayons du jour, d'un sommeil très pesant, les images qui m'avaient assailli, durant mon sommeil, se présentèrent devant mes yeux avec la même vivacité que si elles avaient été des objets réels. Il y avait surtout un certain Brésilien, noir et hérissé, que je n'avais jamais vu auparavant. Cette image disparaissait en grande partie, quand, pour distraire mon attention par autre chose, je fixais mes yeux sur un livre ou un objet quelconque. Mais, dès que je détournais la vue de cet objet, ou que je regardais sans attention, la même image de ce même Ethiopien m'apparaissait par moments, avec la même vigueur, jusqu'à ce qu'il disparût, enfin, peu à peu, derrière ma tête.

Eh bien! je dis que ce qui m'est arrivé dans le sens interne de ma vision, s'est produit pour vous dans le sens de l'ouïe. Mais, comme la cause de ces imaginations a été fort différente, ce qui a été pour vous un présage, ne l'a pas été pour moi. C'est ce que vous saisirez clairement par ce que je vais vous dire.

Les effets de l'imagination naissent de la constitution, ou du corps, ou de l'âme. Et, pour éviter toute prolixité, je vais le prouver par la seule expérience.

Nous éprouvons que les fièvres et les

autres altérations du corps sont causes des délires; et ceux qui ont le sang gluant, n'imaginent que disputes, que rixes, que meurtres, et autres faits analogues. Nous voyons aussi que l'imagination n'est déterminée que par la constitution de l'âme, puisque, comme nous l'éprouvons, elle suit en toutes choses les traces de l'entendement, et qu'elle enchaîne et qu'elle lie les unes aux autres ses images et ses paroles, sans interruption, de la même façon que l'entendement enchaîne et lie ses démonstrations; de telle sorte que nous ne pouvons presque rien comprendre, dont l'imagination ne forme immédiatement quelque image.

Les choses étant ainsi, je dis que tous les effets de l'imagination, qui procèdent de causes corporelles, ne peuvent jamais être des présages de choses futures, parce que leurs causes n'enveloppent nullement l'avenir. Mais les effets de l'imagination ou les images qui tirent leur origine de la constitution de l'âme, peuvent être des présages d'une certaine chose future, parce que l'âme peut pressentir *confusément* une chose qui doit arriver. Et c'est pourquoi elle peut s'imaginer cette chose à elle-même, aussi fortement et aussi vivement que si une chose semblable était présente.

Ainsi un père, pour prendre un exemple pareil au vôtre, chérit son fils à tel point, que lui et ce fils chéri sont, pour ainsi dire, un seul et même être. Et comme l'idée de l'essence des affections du fils, ainsi que des conséquences qui en découlent, doit se trouver nécessairement dans la pensée, selon ce que je vous ai démontré dans une autre occasion; et comme le père, à cause de l'union qu'il a avec son fils, est une partie de ce fils ; l'âme du père doit nécessairement participer de l'essence idéale du fils, de ses affections et de leurs conséquences, comme je l'ai démontré ailleurs longuement. Enfin, comme l'âme du père participe, en idée, des choses qui accompagnent l'essence du fils, le père peut donc, parfois, imaginer une chose qui touche l'essence de son fils, aussi vivement que si cette chose était devant ses yeux.

Mais, pour cela, il faut le concours des conditions suivantes :

1° Que l'événement qui arrivera au fils, dans le cours de sa vie, soit important;

2° Qu'il soit tel qu'on le puisse facilement imaginer;

3° Que l'époque où cet événement arrivera, ne soit pas très éloignée;

4° Enfin, que le corps soit bien disposé, non pas seulement en ce qui regarde la santé; mais qu'il soit libre et exempt de soucis et d'affaires qui troublent les sens extérieurement.

Ce qui peut encore favoriser cette situation, c'est de penser à des choses qui excitent fréquemment des idées semblables à celles-là.

Par exemple, si, tandis que nous conversons avec tel ou tel, nous entendons des gémissements, il arrivera souvent que, dès que nous penserons à la même personne, ces gémissements que nous percevions, alors que nous parlions avec elle, nous reviendront à la mémoire.

Voilà, cher ami, mon opinion au sujet de votre question. J'ai été très bref, je le confesse, mais à dessein, afin de vous fournir matière à m'écrire à la première occasion qu'il vous plaira, etc.

LETTRE V[1]

A MONSIEUR GUILLAUME DE BLYENBERG[2]
B. DE SPINOZA

Woorburg, mai 1665.

Monsieur et ami,

J'ai reçu cette semaine vos deux lettres. La dernière, datée du 9 mars, avait pour objet de me faire connaître l'existence de la première, écrite le 19 février, et qui m'a été envoyée à Schiedam.

Dans cette première lettre, je vois que vous vous plaignez que j'aie dit qu'*au-*

1. La XXXVIe des *Posthuma*, inédite en français.

2. Guillaume de Blyenberg était un marchand aisé de Dordrecht, qui s'adonna à la théologie. Sa correspondance, prolixe, brutale, indiscrète, et écrite dans des intentions assez suspectes, finit par lasser l'inaltérable patience de Spinoza, qui rompit tout commerce avec lui. Blyenberg s'en vengea, en publiant contre Spinoza un livre débordant d'injures, intitulé *la Vérité de la religion chrétienne*.

2

cune démonstration, si solide fût-elle, n'avait de valeur auprès de vous, etc., comme si j'avais voulu parler de mes raisons, parce qu'elles ne vous ont pas satisfait immédiatement ; ce qui est fort loin de ma pensée. Je ne songeais alors qu'à vos propres paroles, qui sont les suivantes : *Et s'il arrivait, un jour, après un long examen, que ma science naturelle parût être contraire à ce Verbe révélé de Dieu, ou ne pas s'accorder suffisamment avec lui, etc., ce Verbe a pour moi une telle autorité, que les concepts que je crois percevoir clairement, me sembleraient plutôt suspects.*

Ainsi, je n'ai fait que répéter brièvement vos paroles; et je ne pense pas vous avoir fourni par là aucun sujet de ressentiment; d'autant plus que je citais votre opinion, comme une raison, pour vous montrer le grand dissentiment qui nous divise.

D'autre part, comme, à la fin de votre seconde lettre, vous écriviez ceci : « que vous ne désirez et n'espérez qu'une chose, persévérer dans votre foi et dans votre espérance, et que tout le reste, que nous cherchons à nous persuader mutuellement par l'entendement naturel, vous est indifférent; » je roulais en mon esprit, comme je le fais encore présentement, que mes lettres n'étaient d'aucune utilité, et qu'il valait alors pour moi beaucoup mieux de ne pas négliger mes études (ce que je suis obligé de faire très souvent par d'autres motifs), dans des discussions qui ne peuvent produire aucun fruit.

Et ce que je dis là n'est point en contradiction avec ma première lettre, parce que je vous y considérais comme un vrai philosophe, n'ayant d'autre pierre de touche de la vérité, ainsi que l'accordent nombre de personnes qui se disent chrétiens, que l'entendement naturel, et non la théologie. Mais vous m'avez appris qu'il en était tout autrement, et vous m'avez fait voir, en même temps, que le fondement sur lequel vous désiriez établir notre amitié, n'était pas encore jeté, comme je le croyais.

Enfin, pour le reste, cela touche souvent en une telle manière à la dispute, que je ne franchirai pas pour ce motif les bornes de la politesse; et c'est pourquoi je passerai sous silence, comme si je ne les avais pas vues, dans votre seconde lettre et dans celle-ci, des expressions de ce genre. C'en est assez, au sujet du mécontentement que vous exhalez, pour vous montrer que je n'y ai donné nul prétexte, et que je ne puis suppoter que personne m'adresse de reproches à cet égard. Maintenant je vais répondre de nouveau à vos objections.

Je dis donc premièrement que Dieu est

absolument et *réellement* la cause de toutes les choses *qui ont une essence*, quelles que soient ces choses. Si, maintenant, vous pouvez me démontrer que le *mal*, que l'*erreur*, les *crimes*, etc., sont quelque chose qui exprime une essence, je vous accorderai entièrement que Dieu est la cause des crimes, du mal, de l'erreur, etc.

Il me semble vous avoir suffisamment montré que ce qui pose la forme du mal, de l'erreur, du crime, ne consiste pas en quoi que ce soit qui exprime une essence, et que l'on ne peut dire, par conséquent, que Dieu en est cause.

Le parricide de Néron, par exemple, en tant que comprenant un fait positif, n'était pas un crime; car Oreste, lui aussi, accomplit un forfait extérieur, et il prémédita tout à la fois d'égorger sa mère. Oreste, cependant, n'est pas voué à la même exécration que Néron. Quel fut donc le crime de Néron? Pas autre que de se montrer, par cet attentat, fils ingrat, impitoyable et insoumis. Or il est certain que rien de cela n'exprime quelque essence; et c'est pourquoi Dieu n'a pas été cause de ces mauvais sentiments, encore qu'il ait été cause de l'intention et de l'acte de Néron.

Je voudrais ensuite faire ici une remarque : c'est, tandis que nous parlons le langage philosophique, de ne pas nous servir des phrases de la théologie. Car la théologie représentant Dieu, au hasard, et non sans peine, comme un homme parfait, il lui est indispensable alors de dire que Dieu désire certaine chose, qu'il est accablé d'ennui par les actes des méchants, et charmé par les œuvres des gens de bien.

En philosophie, au contraire, comme nous percevons clairement que ces attributs, qui rendent l'homme parfait, ne peuvent pas plus être attribués et assignés à Dieu, que si nous accordions à l'homme ceux qui rendent parfait un âne ou un éléphant; en philosophie, dis-je, ces imaginations, et autres semblables, ne trouvent pas leur place, et nous ne pouvons en faire usage qu'à l'extrême confusion de nos conceptions. C'est pourquoi, pour parler le langage philosophique, l'on ne peut dire que Dieu désire quoi que ce soit, de qui que ce soit, et que quelque chose lui soit agréable ou désagréable; car ce sont tous là des attributs humains qui ne s'appliquent pas à Dieu.

J'aurais voulu remarquer, enfin, que bien que les actes des gens de bien (c'est-à-dire de ceux qui ont une idée claire de Dieu, vers laquelle sont tournées toutes leurs œuvres et leurs pensées), et les actions des méchants (c'est-à-dire de ceux qui ne possèdent pas l'idée de Dieu, mais seulement les idées des choses terrestres, vers lesquelles sont tournées leurs œuvres et leurs pensées), et finalement les actions de toutes les choses qui existent, découlent nécessairement des lois et des décrets éternels de Dieu, et dépendent continuellement de lui; j'aurais voulu remarquer, dis-je, que ces actions diffèrent les unes des autres, non seulement par le degré, mais encore par leur essence. Ainsi, quoique un rat et un ange, et la tristesse et la joie dépendent également de Dieu, l'on ne peut dire toutefois du rat qu'il a la forme d'un ange, ni de la tristesse qu'elle a l'apparence de la joie.

Et je pense par là avoir répondu à vos objections, si je les ai bien comprises; car je doute, parfois, que les conclusions que vous en déduisez, ne diffèrent pas de la proposition elle-même que vous avez entrepris de démontrer.

Mais nous allons voir l'affaire plus clairement, en répondant, d'après ces fondements, aux questions que vous posez.

Votre première question est celle-ci :

Est-il aussi agréable à Dieu que l'on tue, ou que l'on fasse des aumônes?

Voici votre seconde question :

Voler, ou être juste, est-ce, aux yeux de Dieu, une action aussi méritoire?

Enfin votre troisième question est la suivante :

S'il existait un être à la nature particulière de qui il ne répugnerait pas, mais il conviendrait de s'abandonner à ses passions et de commettre des crimes, y aurait-il, chez cet être, un sen-

timent de vertu qui lui conseillerait de faire le bien et de s'abstenir du mal?

Voici ma réponse à la première question : Je ne sais pas (pour parler le langage philosophique) ce que vous voulez dire par ces mots : *être agréable à Dieu.*

Si vous me demandez : Dieu n'a-t-il pas celui-ci en haine, et ne chérit-il pas celui-là? ou bien, Dieu n'accablera-t-il pas l'un de maux, et ne comblera-t-il pas l'autre de ses faveurs?

Je réponds : *Non.*

A votre seconde question, je répliquerai : Si le bien, *par rapport à Dieu*, emporte que l'homme juste produira à Dieu une certaine satisfaction, et le voleur un certain désagrément, je réponds que ni l'homme juste ni le voleur ne peuvent causer à Dieu de la joie ou de l'ennui.

Que si vous demandez : Ces deux actes de l'homme juste et du voleur, en tant que faits réels et causés par Dieu, sont-ils également parfaits?

Je réponds : Si nous ne considérons que les actes seuls, et à ce point de vue qu'ils sont causés par Dieu, il se peut faire que ces deux actes soient également parfaits [1].

Si vous demandez de nouveau : Le voleur et l'homme juste sont-ils également parfaits et heureux?

Je réponds : *Non.*

Par homme juste, en effet, j'entends celui qui désire constamment que chacun possède ce qui lui appartient; et ce désir, dans mon *Ethique*, non encore éditée, je démontre qu'il prend nécessairement sa source, chez les hommes pieux, dans la

1. C'est l'excès du mal qui force l'homme à sortir de son ignorance et de sa paresse, pour améliorer sa condition. Le mal, en ce sens, est donc un *bien*. (*Note du traducteur.*)

claire connaissance qu'ils ont, et d'eux-mêmes, et de Dieu.

Et comme le voleur n'a pas de désir de cette sorte, il est privé nécessairement et de la connaissance de Dieu, et de la connaissance de soi-même; c'est-à-dire du fondement premier qui nous rend véritablement hommes.

Si vous me demandez enfin : Qui peut vous pousser à accomplir cette action que j'appelle *vertu*, plutôt que cette autre?

Je réponds que je ne puis savoir de quelle voie, entre une infinité d'autres, Dieu se sert pour vous déterminer à cette action. Il se pourrait faire que Dieu ait imprimé en votre esprit, une idée si claire de lui-même, que vous délaissiez le monde par amour pour lui, et que vous aimiez les autres hommes comme vous-même [1]. Et

1. Spinoza ne semble-t-il pas s'être peint involontairement dans ces deux lignes ?

il est manifeste que la constitution d'une âme de ce genre est en lutte contre tout ce que l'on appelle *mal;* et c'est pourquoi on ne la peut trouver en un seul sujet.

Quant à expliquer les fondements de l'Éthique, et à démontrer tout ce que j'avance, ce n'est pas ici le moment de le faire, parce que je ne vise qu'à une seule chose, à répondre à vos questions et à en finir avec elles.

— Enfin, pour votre troisième question, elle implique contradiction, et elle me paraît équivaloir à la demande suivante : S'il convenait à la nature d'un individu de se pendre, y aurait-il des raisons qui l'empêcheraient de se pendre?

Supposé qu'il puisse y avoir des natures de ce genre, j'affirme alors (que j'accorde ou non le libre arbitre) ceci : Si quelqu'un s'aperçoit qu'il pourra vivre plus agréablement attaché à une croix, qu'assis devant sa table, celui-là sera le dernier des sots de ne pas se crucifier. Et, de même, celui qui verrait clairement qu'il peut jouir réellement d'une vie meilleure et plus parfaite, en commettant des crimes, plutôt qu'en pratiquant la vertu, celui-là serait aussi un sot de ne pas le faire. Car les crimes, au regard d'une nature humaine pervertie en cette sorte, seraient des vertus.

Au sujet de la question que vous avez ajoutée à la fin de votre lettre [1], comme nous pourrions en soulever en une heure cent et plus de ce genre, sans parvenir toutefois à la conclusion d'une seule, et que la réponse n'en est pas urgente, je n'y répondrai pas. En attendant, je me dis, etc.

1. Voici quelle était cette question du colérique marchand de draps :

« Ce qui doit nous arriver un jour, ne pourrions-nous pas l'empêcher par notre sagesse? »

LETTRE VI [1]

A M. GUILLAUME DE BLYENBERG
B. DE SPINOZA

Woorburg, avril 1665.

Monsieur et ami,

Au moment où votre lettre du 27 mars m'a été remise, j'étais sur le point de partir pour Amsterdam. Après en avoir lu une partie, je la laissai à la maison, afin d'y répondre à mon retour, pensant qu'elle ne renfermait que des questions ayant trait à nos premières discussions.

Mais, après avoir lu cette lettre une seconde fois, je me suis aperçu qu'il en était bien autrement. J'ai vu que vous me de-

1. La XXXVIIIe des *Posthuma*, inédite en français

mandiez non seulement de vous prouver ce que j'ai pris soin de faire dire dans ma Préface des *Principes* de Descartes, dans le seul but d'indiquer mon opinion, et non de la prouver et de la persuader aux lecteurs; mais encore de vous expliquer une grande partie de l'Éthique, laquelle, au su de tout le monde, doit être solidement assise sur la métaphysique et sur la physique.

Je n'ai donc pu satisfaire à vos questions; mais, pour vous prier de renoncer à votre demande, j'attendais une occasion qui me permît, aussi amicalement que possible, de vous donner la raison de mon refus, et de vous montrer que vos questions ne servaient en rien à la solution de notre premier débat; mais tout au contraire dépendaient presque entièrement de la solution de ce débat.

Tant s'en faut donc que ma manière de voir, au sujet de la nécessité des choses, ne puisse être saisie sans ces questions. puisque ces questions ne peuvent réellement être perçues, si l'on ne comprend tout d'abord mon opinion.

Avant l'occasion dont je parlais tout à l'heure, on me remettait encore cette semaine un autre billet de vous, où vous témoignez un certain déplaisir du retard que j'ai mis à vous répondre. Je suis donc forcé de vous écrire ces quelques mots, pour vous confirmer ma ferme résolution de cesser notre commerce de lettres. J'espère, après y avoir bien réfléchi, que vous abandonnerez vos instances, tout en me conservant votre bienveillance. Quant à moi, je vous montrerai, en toutes circonstances, selon la mesure de mes forces, que je suis, etc.

LETTRE VII [1]

A M. B. DE SPINOZA
HENRI OLDENBURG

Londres, 28 avril 1663.

Cher ami,

C'est avec une grande joie que j'ai appris, par les dernières lettres de M. Serrarius, que vous étiez vivant, en bonne santé, et que vous vous souveniez toujours de votre Oldenburg; et j'accusais en même temps mon destin, si l'on peut se servir d'une telle expression, de m'avoir privé, durant tant de mois, de ce commerce si agréable que j'entretenais auparavant avec vous. Mais la foule de mes occupations, le poids des ennuis domestiques en sont seuls

1. La XIIe des *Posthuma*, inédite en français.

cause; car mon affection pour vous est toujours aussi vive, et mon amitié à votre égard demeurera aussi solide et aussi inébranlable.

M. Boyle [1] et moi nous nous entretenons souvent de votre savoir, et de vos profondes méditations. Nous voudrions que vous fissiez paraître au jour les productions de votre esprit, que vous les livriez aux embrassements des savants, et nous espérons que vous satisferez à notre attente.

Il n'y a pas lieu d'imprimer en Hollande, l'opuscule de M. Boyle sur le nitre, sur la

1. M. Boyle, célèbre chimiste et physicien anglais. Entre autres ouvrages, il avait composé un livre sur le *nitre*, sur la *fluidité* et la *solidité*, dont Oldenburg envoya un exemplaire à Spinoza, en le priant de lui faire connaître ce qu'il en pensait. Spinoza répondit une très longue lettre, où il consignait franchement ses observations. Ces remarques ne furent pas favorablement accueillies par M. Boyle, qui se trouvait un peu atteint dans sa foi catholique.

solidité et la fluidité, car il est déjà composé ici en latin; et les moyens ne manquent pas de vous en faire parvenir des exemplaires. Je vous prie donc de ne pas souffrir que quelque imprimeur de votre pays entreprenne ce travail.

M. Boyle a encore fait paraître un remarquable traité sur les couleurs, en anglais et en latin; en même temps que l'historique de ses expériences sur le froid, sur les thermomètres, etc., où l'on trouve quantité de vues ingénieuses et nouvelles. Cette guerre malheureuse empêche seule de vous envoyer ces livres [1]. Enfin il a produit un traité fort curieux sur soixante observations faites au microscope, et il y expose beaucoup d'idées hardies; mais ces observations diffèrent de ce qui est admis en philosophie, quant aux principes méca-

1. La guerre entre l'Angleterre et la Hollande.

niques, toutefois. J'espère que nos libraires trouveront un moyen de vous expédier des exemplaires de tous ces ouvrages.

Pour moi, je désirerais recevoir de vous ce que vous avez composé récemment, ou ce que vous faites maintenant.

Votre tout dévoué,

HENRI OLDENBURG.

LETTRE VIII [1]

A M. HENRI OLDENBURG

B. DE SPINOZA

Réponse à la précédente.

Voorburg, mai 1665.

Très honorable ami,

Un ami m'a remis, il y a quelques jours, votre lettre du 28 avril, qu'il avait reçue, m'a-t-il dit, d'un libraire d'Amsterdam, lequel la tenait, sans nul doute, de M. Serrarius.

J'ai été très heureux d'apprendre enfin, de vous-même, que vous étiez bien portant, et que vous me conserviez la même bienveillance qu'autrefois. Pour moi, tou-

1. La XIIIe des *Posthuma*, inédite en français.

tes les fois que l'occasion s'en est présentée, je ne cessais de m'informer de vos nouvelles et de votre santé, auprès de M. Serrarius et de M. Huyghens [1], qui m'a dit vous connaître aussi.

J'ai su également par M. Huyghens, que M. Boyle était toujours vivant, et qu'il avait fait paraître en anglais, ce remarquable traité sur les couleurs, que M. Huyghens m'eût prêté si j'avais connu la langue anglaise.

Je me réjouis d'apprendre de vous que ce traité, ainsi que celui sur le froid et les thermomètres, dont j'avais entendu parler, ont été écrits en latin et livrés à la

1. Huyghens, célèbre astronome et mathématicien, né à La Haye en 1729. Il découvrit avec des objectifs, construits par lui, un satellite de Saturne, et l'anneau qui entoure cette planète. Appelé à Paris par Louis XIV, qui le nomma membre de l'Académie des sciences, il retourna dans sa patrie, lors de la révocation de l'édit de Nantes. Spinoza eut de fréquents rapports avec M. Huyghens.

publicité. L'ouvrage sur les observations microscopiques est aussi entre les mains de M. Huyghens; mais, si je ne me trompe, il est en anglais.

M. Huyghens m'a raconté des choses étonnantes sur ces microscopes, et, en même temps, sur des télescopes fabriqués en Italie, à l'aide desquels on a pu observer des éclipses de Jupiter par l'interposition de ses satellites, et une certaine ombre sur Saturne, comme produite par un anneau.

A cette occasion, je ne puis assez admirer la précipitation de Descartes, qui dit que la cause pour laquelle les planètes ne se meuvent pas à côté de Saturne (car il a pris ses anneaux pour des planètes, n'ayant jamais observé peut-être qu'ils touchent Saturne) est probablement que Saturne ne tourne pas autour de son axe propre : ce qui s'accorde peu avec ses principes, alors que, par ces principes mêmes, il pouvait expliquer très facilement la cause de ces anneaux; à moins que sous l'empire des préjugés, etc. (*Le reste manque.*)

LETTRE IX[1]

A M. J. BRESSÈRE, DOCTEUR-MÉDECIN[2]
B. DE SPINOZA

Woorburg, mai 1665.

Très cher ami,

Je ne sais si vous m'avez tout à fait oublié. Beaucoup de circonstances me le feraient supposer. Ainsi, lorsque je voulais vous faire mes adieux, avant votre départ, et que je pensais vous trouver sûrement chez vous, d'après votre invitation, j'apprends que vous êtes parti pour La Haye. Je reviens à Woorburg, ne doutant pas

1. Cette lettre a été publiée pour la première fois, en latin, par M. Van Vloten, en 1862.

2. Bressère, à qui Spinoza écrit une lettre d'une affection si tendre, comme il le faisait, au surplus, à tous ses amis, était un des affiliés du Collège spinoziste.

que vous ne veniez au moins me voir ici, à votre passage; mais, les Dieux me pardonnent! vous rentrez dans votre maison, sans dire bonjour à votre ami.

Enfin, j'ai attendu pendant trois semaines, pour avoir de vos nouvelles, et je n'ai encore reçu aucune lettre de vous.

Si vous voulez que mon opinion se modifie à votre égard, vous le ferez aisément en m'écrivant; et vous pourrez m'indiquer aussi le moyen de régler notre commerce de lettres, sujet dont nous nous sommes déjà entretenus dans votre demeure.

Je veux, en même temps, vous prier et vous supplier très fortement, par notre amitié, de vouloir bien vous employer de tout zèle à un travail sérieux, et de consacrer la meilleure partie de votre vie à cultiver votre âme et votre entendement. J'y insiste, tandis qu'il est temps encore, et avant que vous ne déploriez les heures que vous auriez complètement perdues.

Maintenant, pour dire quelques mots de notre commerce de lettres, et afin de vous engager à m'écrire librement, sachez que, depuis longtemps, je me suis aperçu que vous vous défiez de vous plus qu'il ne convient; craignant d'adresser des questions ou d'exposer des idées qui ne sentent pas le savant.

Il ne sied pas de vous adresser en face des éloges, et d'énumérer vos qualités; mais, si vous craignez que je ne communique à d'autres vos lettres, lesquelles pourraient ensuite vous exposer à la raillerie, je vous donne l'assurance formelle que je les conserverai religieusement, et ne les montrerai à personne, sans votre consentement.

A ces conditions, vous pouvez reprendre

notre correspondance, à moins que vous ne doutiez de ma parole, ce que je ne crois nullement. J'attends, dans votre première lettre, votre détermination à cet égard; et, en même temps, quelque peu de cette conserve de roses rouges, que vous m'aviez promise, quoique je me porte présentement beaucoup mieux.

Après avoir quitté Rheinburg, je me suis ouvert une veine, et cependant la fièvre n'a pas cessé, quoique je fusse plus agissant en quelque sorte qu'avant de m'être saigné : ce que j'attribue au changement d'air. Mais j'ai été pris deux ou trois fois d'une fièvre tierce. Je m'en suis enfin débarrassé par une bonne diète, et je l'ai envoyée se faire pendre ailleurs. Où est-elle allée? Je ne le sais. Mais je prends toutes mes précautions pour qu'elle ne revienne pas ici.

Pour ce qui est de la troisième partie de ma *Philosophie*, j'en enverrai prochainement un fragment, ou à vous, si vous voulez bien le transmettre, ou à l'ami de Vries. Et quoique j'eusse résolu de ne rien communiquer de cette troisième partie, avant qu'elle ne fût achevée, cependant, comme ce dessein est trop contraire à votre désir, je ne veux pas vous arrêter davantage dans vos études. Je vous enverrai donc jusqu'à la huitième Proposition environ.

J'entends beaucoup parler des affaires d'Angleterre [1]. Rien de certain toutefois. Le peuple ne cesse de soupçonner tous les maux; et personne ne peut dire pourquoi la flotte ne met pas à la voile. Les choses, il est vrai, ne paraissent pas être encore en bonne voie.

1. Il s'agit de la guerre que la Hollande soutenait alors contre l'Angleterre.

Je crains que nos compatriotes ne veuillent être trop habiles et trop prudents. Les événements montreront ce qu'ils désirent et ce qu'ils projettent. Puissent les Dieux leur donner un heureux succès ! Écrivez-moi ce que nos amis pensent là-bas, et ce qu'ils ont appris de certain. Mais surtout, et sur toutes choses, croyez-moi, etc.

LETTRE X[1]

A MONSIEUR J. V. M.[2]
B. DE SPINOZA

Woorburg, 1er octobre 1666.

Tandis que je vis solitairement ici à la campagne, j'ai pensé à la question que vous m'avez proposée, il y a quelque temps, et je l'ai trouvée fort simple.

La démonstration générale s'appuie sur ce fondement : Le joueur honnête, c'est celui qui établit sa chance ou son espérance de gain ou de perte, dans des conditions égales à la chance de son adversaire.

1. La XLIIIe des *Posthuma*, inédite en français.
2. Quel est ce monsieur J. V. M., à qui Spinoza écrit cette lettre si originale? C'est ce que nous ignorons encore.

Cette égalité consiste dans la chance et dans l'argent que les adversaires mettent en jeu et risquent. C'est-à-dire, si la chance est égale de part et d'autre, chacun des joueurs doit déposer et risquer une somme d'argent égale. Si, au contraire, la chance est inégale, l'un des joueurs doit déposer d'autant plus d'argent que la chance est plus grande; et alors l'espérance sera égale de part et d'autre, et conséquemment le jeu sera égal.

Ainsi, par exemple, si Pierre, jouant avec Paul, a deux espérances de gain, et une seulement de perte; et, d'un autre côté, si Paul n'a qu'une espérance de gain contre deux de perte; il apparaît clairement que Paul doit risquer deux chances, tandis que Pierre n'en risque qu'une seule; c'est-à-dire que Paul risque deux fois plus que Pierre.

Pour montrer ceci encore plus clairement, supposons que trois individus[1], Pierre, Paul et Jacques, jouent entre eux avec une espérance équivalente, et que chacun d'eux dépose une somme d'argent égale, il est manifeste que, comme tous les trois déposent une même somme d'argent, chacun d'eux ne risque que le tiers de cette somme pour gagner les deux autres tiers; et que comme chacun d'eux joue contre les deux autres, chacun d'eux n'a qu'une espérance de gain contre deux de perte.

Si nous établissons que l'un des trois partenaires, Jacques, par exemple, avant le jeu commencé, ne veuille plus jouer, il est évident que Jacques doit recevoir la somme qu'il a déposée, c'est-à-dire le tiers

1. Nous remplaçons ici, comme au paragraphe précédent, par des noms de personnes, les lettres A, B, C, du texte. (*Note du traducteur.*)

de la somme totale; et si Paul veut acheter la chance de Jacques et prendre sa place, il devra déposer seulement ce que Jacques a reçu.

Or Pierre ne peut s'y opposer, car les choses demeurent dans le même état qu'auparavant; que Pierre coure la chance avec une seule chance contre deux chances de joueurs différents, ou qu'il coure la chance contre un seul joueur.

Les choses étant ainsi, il s'ensuit que si quelqu'un cède sa main, afin que si son partenaire fait une conjecture sur deux nombres, et qu'ayant conjecturé juste il gagne une certaine somme d'argent; ou que s'étant trompé, au contraire, il perde une somme égale; il s'ensuit, dis-je, que l'espérance sera égale de part et d'autre, tant pour celui qui a donné la main, afin que son partenaire puisse faire une conjecture, que pour ce partenaire, auquel on laisse le pouvoir de deviner.

En outre, si le premier a donné la main, afin que son partenaire pronostique au premier tour un nombre sur trois, et gagne, en devinant, une certaine somme d'argent; ou, dans le cas contraire, perde la moitié de cet argent; la chance et l'espérance seront égales des deux côtés.

De même, la chance sera encore égale, si celui qui a cédé sa main, accorde à l'autre la faculté de faire *deux* conjectures, afin que, s'il conjecture juste, il gagne une certaine somme d'argent; ou, s'il se se trompe, qu'il perde double.

La chance et l'espérance seront encore égales, si un joueur accorde à l'autre de faire *trois* conjectures sur *quatre* nombres, pour gagner une certaine somme; ou de perdre trois fois, au contraire, s'il se trompe; de même, encore, s'il accorde de faire *quatre* conjectures sur *cinq* nombres, pour gagner une fois; ou de perdre quatre fois, s'il a commis une erreur; et ainsi de suite.

D'où il suit que, pour un joueur qui passe la main, la situation est exactement la même que pour celui qui pronostique en sa faveur, autant de fois qu'il le veut, un nombre entre plusieurs; pourvu que, selon les chances qu'il a entrepris de conjecturer, il dépose et risque autant d'argent, qu'il a divisé le nombre de chances par la somme des nombres.

Soient, par exemple, cinq nombres, et que, sur ces cinq nombres, un joueur fasse seulement une conjecture; ce joueur doit risquer *un* cinquième, contre *quatre* cinquièmes de son partenaire. S'il fait deux conjectures, il doit risquer *deux* cinquièmes, contre *trois* cinquièmes de son partenaire. S'il fait trois conjectures, ce joueur doit risquer *trois* cinquièmes, contre *deux* cinquièmes de l'autre. S'il fait quatre conjectures, il doit risquer *quatre* cinquièmes contre un *cinquième* de son partenaire; et, enfin, s'il fait cinq conjectures, il doit risquer le *tout* contre *zéro*.

Il en est de même, par conséquent, pour celui qui accorde à son partenaire la faculté de faire des conjectures, si, au lieu de l'exemple ci-dessus, il risque seulement un sixième de l'argent déposé, pour gagner cinq sixièmes; qu'il soit seul pour gagner les cinq sixièmes, ou que cinq partenaires fassent chacun une seule conjecture, ainsi que le veut la question que vous m'adressez.

LETTRE XI [1]

A MONSIEUR J. J. [2]
B. DE SPINOZA

La Haye, 17 février 1671.

Dernièrement, lorsque le professeur N. N. m'est venu voir, il me racontait, entre autres choses, avoir ouï dire que mon *Traité théologico-politique* était traduit en hollandais, et qu'une personne, dont il ignorait le nom, était sur le point de l'imprimer. C'est pourquoi je vous demande très sérieusement de vous enquérir avec soin de ce qu'il en est; et, si cela est possible, d'arrêter l'impression.

1. La XLVIIe des *Posthuma*, inédite en français.
2. Ces initiales J. J. indiquent Jarig Jœllis, l'un des plus dévoués disciples de Spinoza. C'est lui qui, après la mort de l'illustre philosophe, composa la préface des *Posthuma*, que le docteur Louis Meyer mit en latin.

Et ce n'est pas moi seul qui vous adresse cette prière, mais un grand nombre de mes amis, et d'amis illustres, lesquels ne verraient pas avec plaisir l'interdiction de cet ouvrage; chose qui arrivera indubitablement, s'il paraît en hollandais [1]. Je ne doute pas que vous ne rendiez ce service, et à moi et à notre cause.

Quelque temps auparavant, un de mes amis m'envoya un petit livre intitulé *l'Homme politique*, dont j'avais beaucoup entendu parler. J'ai parcouru cet opuscule, et j'ai vu que c'était le livre le plus pernicieux que les hommes puissent imaginer et composer.

1. Malgré le désir exprimé par Spinoza, on sait que le *Traité théologico-politique* parut, traduit en flamand, par Jean Glasemaker, sous ce titre : *le Théologien judicieux et politique*.

Presque aussitôt, sous la pression des théologiens protestants, « Messieurs les Etats », par un décret public, condamnèrent et interdirent le Traité et sa traduction.

Le souverain bien, pour l'auteur, ce sont les honneurs et les richesses. Il y accommode sa doctrine, et voici les moyens qu'il montre pour y parvenir : Rejeter intérieurement toute religion; mais professer extérieurement celle qui sert le plus à son avancement. Ensuite, n'observer sa parole envers personne, si ce n'est en tant qu'on y trouve de l'avantage. Pour le reste, dissimuler, promettre et ne pas tenir ses promesses, mentir, se parjurer, et beaucoup d'autres prescriptions semblables, c'est l'objet de tous ses éloges.

Après avoir parcouru ces pages, je méditais, en moi-même, d'écrire indirectement contre l'auteur, un petit livre, où je traiterais du souverain bien; où je montrerais ensuite quelle est l'inquiète et misérable condition des hommes avides d'honneurs et de richesses; et où je prouverais enfin, par les raisons les plus évidentes et une foule d'exemples, que les républiques en proie à l'insatiable cupidité des honneurs et des richesses doivent périr, et ont péri en effet.

Ah! combien les pensées de Thalès de Milet étaient préférables et supérieures à celles de l'auteur susdit.

« Toutes choses, disait-il, sont communes entre amis. Or les sages sont les amis des dieux; et tout appartient aux dieux. Donc les sages possèdent tous les biens. »

Ainsi, d'un seul mot, ce sage se rendait très opulent, en méprisant noblement les richesses, bien plus qu'en les recherchant misérablement.

Une autre fois, il fit voir que, si les sages n'ont pas la fortune en partage, c'est bien moins parce qu'ils ne peuvent faire différemment, que par leur propre volonté.

Ses amis lui reprochant sa pauvreté :

« Voulez-vous que je vous montre, leur dit-il, que je puis acquérir ce que je juge indigne de mes efforts, et que vous recherchez, vous, avec tant d'âpreté ? »

— Très volontiers, » répliquèrent ses amis.

Astronome insigne, Thalès avait prévu qu'il y aurait cette année-là, une grande abondance d'olives, lesquelles avaient complètement manqué les années précédentes. Il acheta, en conséquence, tous les pressoirs de la Grèce entière. Il loua, au taux qu'il voulut, ces pressoirs achetés à vil prix ; et, en une seule année, il amassa des richesses considérables.

Il les distribua ensuite aussi libéralement, qu'il les avait acquises facilement par son intelligence, etc.

LETTRE XII

A MONSIEUR B. DE SPINOZA

***** [2]

14 septembre 1674.

Monsieur,

Voici le motif pour lequel je vous écris. Je désirerais connaître votre opinion sur les apparitions, sur les spectres et les esprits; et, s'il en existe, ce que vous en pensez, et combien de temps dure leur existence; car les uns sont d'avis qu'ils sont immortels, et les autres disent qu'ils

1. La LVe des *Posthuma*, inédite en français.

2. Quel est ce personnage qui écrit à Spinoza les trois curieuses lettres qui vont suivre? Nous l'ignorons encore. A en juger, toutefois, par la salutation d'*amplissime vir* dont le gratifie Spinoza, ce doit être un homme important. Mais c'est aussi un fort Prudhomme, assez mal élevé, d'une intelligence médiocre, et paraissant tout gonflé de sa position et de sa fortune.

sont sujets à la mort. Dans le doute où je suis, si vous accorderez qu'il existe des spectres et des esprits, je n'en dirai pas davantage.

Il est certain, cependant, que les anciens ont cru à l'existence des esprits, et que les théologiens et les philosophes modernes croient encore, à présent, qu'il existe des créatures de ce genre, bien qu'ils ne s'accordent pas sur ce que peut être leur essence. Les uns affirment qu'ils sont composés d'une matière très ténue et très subtile; les autres soutiennent que ce sont des esprits purs.

Mais, comme je l'ai dit en commençant, nous différons beaucoup à cet égard; car je doute que vous m'accordiez qu'il existe des esprits; quoique vous n'ignoriez pas que l'on trouve dans toute l'antiquité tant d'exemples et d'histoires de ce genre, qu'il est vraiment difficile ou de les nier, ou de les révoquer en doute.

Il est certain, toutefois, encore que vous reconnaissiez qu'il existe des esprits, que vous ne croirez pas que certains d'entre eux sont les âmes des morts, ainsi que le veulent les défenseurs de la foi catholique.

Je m'arrête ici, attendant votre réponse. Je ne vous dirai rien ni de la guerre [1], ni des bruits qui courent, car nous vivons dans des temps, etc.

Adieu!

1. La guerre de Louis XIV contre la Hollande.

LETTRE XIII [1]

A MONSIEUR *****

B. DE SPINOZA

(*Réponse à la précédente.*)

La Haye, septembre 1674.

Monsieur,

Votre lettre, que j'ai reçue hier, m'a fait grand plaisir, tant parce que je désirais savoir de vos nouvelles, que parce je vois que vous ne m'avez pas tout à fait oublié.

Certaines personnes prendraient peut-être à mauvais présage, que les esprits aient été l'occasion qui vous ait fait m'écrire. Pour moi, tout au contraire, je considère

1. La LVIe des *Posthuma*, inédite en français.

ce qu'il y a d'important dans la chose; et j'estime que non seulement les choses vraies, mais encore les chimères et les imaginations peuvent m'être de quelque utilité.

Laissons de côté la question de savoir si les spectres sont des illusions et des imaginations, puisque non seulement les nier, mais encore en douter, c'est une énormité, pour vous, non moins forte, que pour celui que toutes les histoires racontées par les anciens et les modernes ont pleinement convaincu.

La grande estime et la considération que j'ai toujours eues, et que j'ai encore pour vous, ne me permettent pas de vous contredire, et bien moins encore de vous flatter. Le moyen que j'emploierai est celui-ci :

Entre tant d'histoires de spectres que

vous avez lues, veuillez en choisir une ou deux, desquelles l'on ne puisse douter en nulle façon, et qui montrent de la manière la plus évidente qu'il y a des spectres. Car, à dire vrai, je n'ai jamais lu un auteur digne de foi, qui fît voir clairement qu'il en existe. Et, jusqu'ici, j'ignore ce qu'ils sont, et personne n'a jamais pu me le dire.

Il est certain, cependant, qu'une chose que l'expérience montre si manifestement, nous devons savoir ce qu'elle est; autrement, nous aurons beaucoup de peine à conclure, d'une histoire quelconque, qu'il y a des spectres. On conclut, en effet, qu'il y a quelque chose; mais personne ne sait ce que c'est que cette chose. Si les philosophes veulent appeler spectres, ce que nous ignorons, je n'y contredirai pas, parce qu'il y a une infinité de choses qui me sont cachées.

Enfin, monsieur, avant de m'expliquer plus au long sur cette matière, dites-moi, je vous prie, ce que sont ces spectres ou ces esprits. Sont-ce des enfants, des innocents ou des insensés? Car ce que j'en ai ouï dire, convient à des gens détraqués, bien plus qu'à des êtres jouissant de leur bon sens, et ressemble, pour interpréter la chose au meilleur sens, à de vaines puérilités, ou aux divertissements des fous.

Avant de terminer, je veux vous faire remarquer ceci : c'est ce désir qui tient la plupart des hommes de raconter les choses, non comme elles sont réellement, mais comme ils désirent qu'elles soient; et l'espérance qu'ils nourrissent de se faire connaitre par des narrations de spectres et d'esprits, bien plus facilement que par des récits sérieux.

Quelle est la raison principale de ce fait?

La voici, à mon avis : c'est que les histoires de ce genre n'ayant d'autres témoins que leurs narrateurs, les inventeurs y peuvent ajouter ou en retrancher, à leur fantaisie, les circonstances qui leur paraissent les plus favorables ou les moins avantageuses, sans craindre que qui que ce soit les contredise. Ainsi, l'un inventera de ces histoires, pour justifier, à ses yeux, la terreur qu'il a ressentie de songes et de visions. Un autre en forgera pour étayer son audace, pour consolider son autorité et son opinion.

Outre ces raisons, j'en ai trouvé d'autres qui me poussent à douter, sinon des histoires elles-mêmes, tout au moins des circonstances qui y sont rapportées, et qui contribuent puissamment à la conclusion que l'on s'efforce de déduire de ces histoires.

Je m'arrête ici, jusqu'à ce que je connaisse quelles sont ces histoires qui vous ont convaincu à tel point, qu'en douter vous semble une absurdité, etc.

B. de Spinoza.

LETTRE XIV [1]

A MONSIEUR B. DE SPINOZA

*****

21 septembre 1674.

Monsieur,

Je n'attendais pas d'un ami, même partageant une opinion différente, une réponse autre que celle que vous m'avez envoyée. Le reste me touche peu; car il a toujours été permis à des amis de différer de sentiment dans des choses indifférentes, tout en conservant leur amitié.

Vous me demandez, avant que vous me fassiez connaître votre opinion, de vous dire ce que sont ces spectres et ces esprits; si ce sont des enfants, des innocents ou

1. La LVIIe des *Posthuma*, inédite en français.

des insensés, etc. ; et vous ajoutez que tout ce que vous en avez appris part de gens détraqués, plutôt que d'êtres sains du cerveau.

Le proverbe est bien vrai qu'un jugement préconçu empêche la recherche de la vérité.

Je crois, moi, qu'il y a des spectres, et voici pour quelles raisons :

1° Parce qu'il importe à la beauté et à la perfection de l'univers qu'il y en ait;

2° Parce qu'il est vraisemblable que le Créateur en a créé; ces esprits lui ressemblant beaucoup plus que les créatures corporelles;

3° Parce que, de même qu'il y a des corps sans âme, de même il y a des âmes sans corps;

4° Enfin, parce que dans l'air, dans les régions ou dans les espaces supérieurs, j'estime qu'il n'y a aucun corps obscur qui n'ait ses habitants; et, par conséquent, l'espace incommensurable qui s'étend entre nous et les astres, n'est pas vide, mais rempli d'esprits qui l'habitent. Peut-être les plus hauts et les plus éloignés sont-ils des esprits purs; tandis que les plus bas, dans l'air inférieur, sont des créatures d'une substance très subtile et très ténue, et, en outre, invisibles.

J'opine donc qu'il y a des esprits de tous genres; mais, peut-être, n'y en a-t-il aucuns du genre féminin.

Ce raisonnement ne convaincra, en nulle manière, ceux qui croient témérairement que le monde a été fait par hasard. Mais, laissant ces raisons, l'expérience quotidienne ne nous montre-t-elle pas qu'il y a des esprits? Et ne reste-t-il pas, à leur sujet, quantité d'histoires tant anciennes que nouvelles?

Nous voyons de ces histoires dans le livre des hommes illustres de Plutarque, et dans ses autres ouvrages ; dans les vies des Césars, de Suétone ; dans le livre des spectres de Wier [1] et de Lavater [2], qui ont traité abondamment de la matière, et rassemblé les histoires des écrivains de toutes espèces. Cardan [3], célèbre par son érudition, parle des esprits dans ses ouvrages *de la Subtilité*, *de la Variété*, et dans sa propre vie, où il montre, par l'expérience, que les esprits lui ont apparu à lui, à ses parents et à ses amis. Le sage Mélanchton, ami de la vérité, et une foule d'autres témoignent la même chose, par leurs propres expériences.

1. Wier, médecin, né à Grars, dans le Brabant, en 1515, mort en 1588, a écrit différents ouvrages sur les démons.

2. Ce Lavater n'est pas le célèbre médecin suisse, créateur de la physiognomonie, ou l'art de connaître le caractère de l'homme par l'inspection du visage ; mais probablement un Lavater, théologien protestant, né à Kibourg, canton de Zurich, en 1527, et mort en 1586.

3. Cardan, médecin, astrologue et mathématicien, né à Pavie, en 1501, mort en 1576.

Un certain consul, homme docte et prudent, qui est encore vivant, me racontait un jour qu'il avait entendu achever, pendant la nuit, dans le laboratoire à bière de sa mère, l'ouvrage commencé, de la même façon qu'il était mis à point, le jour, quand la bière était soumise à la cuisson. Et, m'affirmait-il, le fait s'est reproduit fort souvent. Une chose à peu près semblable m'est arrivée, qui ne sortira jamais de ma mémoire. Et c'est pourquoi ces preuves, et les raisons que j'ai données plus haut, me forcent de déclarer qu'il y a des spectres.

Quant aux mauvais esprits, qui tourmentent les misérables humains pendant cette vie et dans l'autre, de telles histoires concernent la magie; et, pour ma part, je les regarde comme des fables.

Dans les traités qui s'occupent des esprits, vous trouverez une foule de particularités. Et, outre les auteurs déjà cités, vous pourrez, s'il vous convient, consulter Pline le Jeune, livre VII, dans sa lettre à Sura; Suétone, dans la vie de Jules César, chapitre XXXII; Valère Maxime, livre premier, aux sections 7 et 8 du chapitre VIII; Alessandro Alessandri, dans son ouvrage des jours de fête [1]. Je pense que tous ces livres sont en votre possession.

Je ne parle pas des moines et du clergé qui rapportent tant d'apparitions et de visions d'âmes et de mauvais esprits, et, pour m'exprimer plus exactement, tant de fables de spectres, que le lecteur succombe d'ennui sous leur nombre. Le jésuite Thyaus traite aussi de ce sujet, dans son livre sur les apparitions des esprits. Mais tous n'abordent ces histoires que dans un but de lucre, pour mieux prouver l'exis-

1. Alessandro Alessandri, jurisconsulte, littérateur, né à Naples, en 1461, mort en 1523.

tence du purgatoire; mine dont ils tirent pour eux tant de monceaux d'or et d'argent. Mais cela ne s'applique pas aux auteurs que je vous ai cités, non plus qu'aux autres écrivains modernes, lesquels, étant sans esprit de parti, méritent par cela même une plus grande créance.

Au lieu de répondre au passage de votre lettre où vous parlez des innocents et des insensés, je vais vous citer la conclusion du savant Lavater, par laquelle il termine, en ces termes, son premier livre sur les spectres et les esprits :

« Celui qui ose nier, dit-il, tant de témoignages unanimes, et anciens et modernes, me paraît indigne de foi. Car, de même que c'est un signe de légèreté de croire sur-le-champ tous ceux qui affirment avoir vu certains spectres; de même, contredire témérairement et effrontément tant d'historiens dignes de foi, tant de Pères et d'écrivains jouissant d'une grande autorité, c'est une insigne impudence. »

LETTRE XV[1]

A MONSIEUR *****
B. DE SPINOZA

Réponse à la précédente.

La Haye, septembre 1674.

Monsieur,

Fort de ce que vous dites dans votre lettre du 21 du mois dernier, à savoir que des amis peuvent différer de sentiment sur des choses indifférentes, sans que leur amitié en reçoive la moindre atteinte, je vous dirai nettement ce que je pense des raisons et des histoires à l'aide desquelles vous concluez *qu'il y a des esprits de tous genres*, *mais qu'il n'en existe*

1. La LVIIIe des *Posthuma*, inédite en français.

peut-être aucuns du genre féminin.

Si je ne vous ai pas répondu plus tôt, c'est que je n'avais pas sous la main les ouvrages que vous citez, et que je n'ai trouvé que Pline et Suétone. Mais ces deux-là me dispenseront de la peine de chercher les autres, parce que je suis persuadé qu'ils extravaguent tous de la même manière, et qu'ils se complaisent dans les histoires de choses extraordinaires, qui frappent les hommes d'étonnement et les ravissent en admiration.

Je demeure stupéfait, je l'avoue, non pas tant devant les histoires que l'on raconte, que devant ceux qui les écrivent; et je suis surpris que des hommes, doués d'intelligence et de jugement, fassent un tel usage de leur talent, et en abusent à ce point de vouloir nous persuader des niaiseries pareilles.

Mais laissons les auteurs de côté, et attaquons la chose elle-même. J'aborderai tout d'abord la conclusion de votre dernière lettre.

Voyons, est-ce moi, parce que je nie qu'il y ait des spectres et des esprits, qui ne comprends pas les auteurs qui ont traité de ce sujet; ou n'est-ce pas vous, plutôt, qui, affirmant leur existence, faites de ces écrivains plus de cas qu'ils ne méritent?

Que vous ne mettiez pas en doute, d'une part, qu'il y ait des esprits du genre masculin; mais que vous doutiez, d'autre part, qu'il en existe du genre féminin, cela ressemble à de la fantaisie bien plus qu'à un doute réel. Et, si telle était votre opinion, elle s'accorderait beaucoup, ce semble, avec l'imagination du vulgaire, qui a établi que Dieu est du genre masculin, et non du féminin. Je m'étonne que ceux qui ont aperçu des spectres dans l'état de nudité, n'aient pas jeté les yeux sur leurs parties sexuelles; c'est sans doute par crainte, ou par ignorance de cette différence.

C'est là plaisanter, répondrez-vous, et non raisonner. Et je vois par là que vos raisons vous semblent si solides et si bien établies, que personne, à votre jugement du moins, n'y peut contredire; si ce n'est l'homme qui penserait faussement que le monde a été fait par hasard.

Mais, avant d'examiner vos premières raisons, j'ai hâte de traiter cette question : « Si le monde a été créé fortuitement, » et de vous donner brièvement mon opinion à cet égard.

Je vous dis donc : De même qu'il est certain que le *fortuit* et le *nécessaire* sont deux contraires, de même il est évident que celui qui affirme que le monde est un effet *nécessaire* de la nature divine, que celui-là nie absolument que le monde ait été fait par hasard. Mais celui qui affirme que Dieu a pu négliger la création du monde [1], celui-là confirme, bien qu'en d'autres termes, que le monde a été fait par hasard, puisqu'il procède d'une volonté qui pourrait ne pas exister.

Mais, comme cette opinion et cette manière de voir sont complètement absurdes, on accorde, d'ordinaire, unanimement que la volonté de Dieu est éternelle, et n'a jamais été indifférente. Et c'est pour cela que l'on doit accorder aussi nécessairement, remarquez-le bien, que le monde

1. Spinoza parle ici le langage de son correspondant; mais il n'admet, en nulle façon, la *création*, au sens où l'entend la théologie catholique, c'est-à-dire *faire quelque chose de rien*.

« Je vous prie de considérer, mon ami, écrit-il à Henri Oldenburg, que les hommes *ne sont pas créés*, mais seulement *engendrés*; et que leurs corps existaient déjà auparavant, quoique formés d'une autre manière. »

est un effet *nécessaire* de la nature divine.

Que les philosophes appellent cela volonté, entendement, ou de tout autre nom qu'il leur plaira, ils en arriveront toujours à ceci : qu'ils expriment une seule et même chose sous des noms différents.

Si vous leur demandez, en effet : Est-ce que la volonté divine ne diffère pas de la volonté humaine? Ils vous répondront que la première n'a de commun avec la seconde, que le nom; outre qu'ils accordent, la plupart du temps, que la volonté de Dieu, son entendement, son essence ou sa nature sont une seule et même chose.

Et de même, pour moi, afin de ne pas confondre la nature divine avec la nature humaine, je n'assigne pas à Dieu les attributs humains, tels que la volonté, l'entendement, l'attention, l'ouïe, etc.

Je dis donc, comme je l'ai dit tout à l'heure, que le monde est un effet *nécessaire* de la nature divine, et qu'il n'a pas été fait par hasard.

Cela suffit à vous persuader, je pense, que l'opinion de ceux qui disent (s'il en est de tels) que le monde a été fait par hasard, est absolument contraire à la mienne; et, m'appuyant sur ce fait, je passe à l'examen des raisons par lesquelles vous concluez qu'il y a des esprits de tous genres.

Ce que je puis dire en général de ces raisons, c'est qu'elles me semblent des conjectures, bien plutôt que des raisons, et qu'il m'est très difficile de croire que vous les tenez pour raisons démonstratives.

Mais conjectures ou raisons, voyons s'il est loisible de les prendre pour fondées.

— Voici donc votre première raison :

« Il importe à la beauté et à la perfection de l'univers qu'il y ait des esprits. »

Veuillez le remarquer, monsieur, la beauté n'est pas tant une qualité de l'objet que l'on considère, qu'un effet en celui qui regarde un objet. Si notre vue était plus étendue ou plus courte, ou si notre complexion était autre, les choses que nous trouvons belles aujourd'hui, nous paraîtraient laides, et réciproquement. La plus belle des mains, aperçue au travers d'un microscope, nous paraîtra épouvantable. Certains objets, aperçus de loin, sont admirables ; vus de près, ils deviennent affreux. C'est pourquoi les choses, considérées en soi, ou rapportées à Dieu, ne sont ni belles ni laides.

Quant à ceux qui disent que Dieu a créé le monde pour qu'il fût beau, ils doivent, de nécessité, poser l'une ou l'autre de ces alternatives : ou Dieu a fait le monde pour les désirs et les yeux des hommes ; ou les désirs et les yeux des hommes ont été faits pour le monde. Mais, que nous acceptions la première ou la seconde de ces hypothèses, je ne vois pas pourquoi Dieu aurait dû créer des fantômes et des esprits, afin que l'une ou l'autre de ces hypothèses se réalisassent.

En second lieu, la perfection et l'imperfection sont des dénominations qui ne diffèrent pas beaucoup des termes de beauté et de laideur. Mais, pour ne pas être trop long, je vous demanderai seulement ceci : En quoi importe-t-il davantage à l'ornement et à la perfection du monde qu'il y ait des spectres; ou cette multitude de monstres, tels que les centaures, les hydres, les harpies, les satyres, les griffons, les argus, et mille autres sornettes de ce genre? Certes, le monde serait bien décoré, si Dieu l'avait arrangé au caprice de notre fantaisie, et embelli de toutes ces choses que chacun rêve et imagine sans la moindre difficulté, mais que personne n'a jamais été capable de comprendre.

— Je passe à votre seconde raison :

« Comme les esprits, dites-vous, expriment l'image de Dieu beaucoup mieux que les autres créatures corporelles, il est vraisemblable également que Dieu en a créé. »

J'ignore jusqu'à présent, je l'avoue, en quoi les esprits expriment la nature de Dieu, mieux que les autres créatures. Ce que je sais, c'est qu'entre le fini et l'infini il n'y a aucune proportion; de telle sorte que la différence qui existe entre la plus grande et la plus éminente des créatures, et Dieu, est exactement la même que celle qui existe entre Dieu et le plus chétif des êtres.

Mais cela ne fait rien à la chose. Si j'avais, des spectres, une idée aussi claire que du triangle ou du cercle, je n'hésiterais nullement à déclarer qu'ils ont été créés par Dieu. Mais, comme l'idée que j'en ai, ressemble absolument aux idées que je trouve dans mon imagination, sur les harpies, les griffons, les hydres, etc., je ne puis les considérer autrement que comme des chimères, qui diffèrent de Dieu autant que l'Être diffère du Non-Être.

— Votre troisième raison, qui ne me paraît pas moins absurde que la précédente, est celle-ci :

« De même qu'il y a des corps sans âme, de même il doit y avoir des âmes sans corps. »

Dites-moi, je vous prie, n'est-il pas aussi vraisemblable que la mémoire, l'ouïe, la vue, etc., existent sans les corps, parce que l'on trouve des corps, sans mémoire, sans ouïe, sans vue, etc.? ou bien qu'une sphère existe sans cercle, parce qu'il y a des cercles sans sphères?

—Votre quatrième et dernière raison est la même que la première. Je me reporte à la réponse que j'y ai faite. Je noterai seulement ici que j'ignore quels sont ces lieux hauts et bas que vous concevez dans la matière infinie, à moins que vous ne supposiez que la terre est le centre de l'univers. Si, en effet, c'était le soleil ou Saturne qui fussent le centre de l'univers, ce seraient le soleil ou Saturne qui seraient les lieux hauts et bas, et non la terre.

Je conclus donc, laissant de côté le reste, que ces raisons et d'autres semblables ne convaincront personne qu'il y a des spectres ou des esprits de tous genres; si ce n'est ceux qui, fermant leurs oreilles à l'entendement, se laissent détourner par la superstition; la superstition, si hostile à la droite raison, qu'elle ajoutera plutôt foi à de vieilles devineresses, afin de diminuer le crédit des philosophes.

Pour ce qui est des histoires, j'ai dit déjà, dans ma première lettre, que je ne les niais pas entièrement, mais seulement les conclusions que l'on en tirait. Joignez à cela que je ne les considère pas comme tellement dignes de foi, que je ne doute de beaucoup de circonstances, ajoutées, le plus souvent, bien plus comme ornement, que pour la vérité de l'histoire, ou pour rendre plus acceptable ce que l'on en veut conclure.

Parmi tant d'histoires, j'avais espéré que

vous m'en produiriez au moins une ou deux, dont je ne pourrais douter en nulle façon, et qui m'auraient montré de la façon la plus claire, qu'il existe des spectres ou des esprits. Ce que vous rappelez de ce consul, qui veut conclure qu'il y a des esprits, parce qu'il en aurait entendu travailler de nuit, dans le laboratoire à bière de sa mère, comme il était accoutumé de l'entendre faire pendant le jour, me paraît digne de risée.

Il serait beaucoup trop long d'examiner ici toutes les histoires qui ont été écrites sur ces inepties. Pour être bref, je m'en rapporte à Jules César, qui, au témoignage de Suétone, se moquait de toutes ces fadaises, et cependant était heureux, selon ce que Suétone raconte de ce prince, dans la vie qu'il en donne, chapitre 59. Et, de même, tous ceux qui examinent avec soin les effets des imaginations et des passions des hommes, doivent rire de telles sornettes, quoi qu'aient pu avancer de contraire Lavater, et les autres qui rêvassent avec lui en cette affaire.

LETTRE XVI[1]

A MONSIEUR B. DE SPINOZA

****

1674.

Monsieur,

Je réponds un peu tard à votre lettre, parce qu'une courte maladie m'a privé du plaisir de la méditation et de l'étude, et m'a empêché de vous écrire. Maintenant, grâce à Dieu, je suis complètement rétabli. Dans ma réponse, je marcherai sur vos traces, et je passerai sous silence vos exclamations contre ceux qui ont écrit sur les spectres.

Je dis donc qu'il n'existe, à mon avis, aucuns spectres du genre féminin, parce que

1. La LIXe des *Posthuma*, inédite en français.

je nie leur génération. Qu'ils aient telle figure et telle composition, je laisse cela de côté, parce que ce n'est pas mon affaire.

On dit qu'une certaine chose est faite par hasard, quand elle se produit contre le but de l'auteur. Quand nous creusons la terre pour planter de la vigne, ou que nous faisons un trou pour un tombeau, si nous trouvons un trésor auquel nous n'ayons jamais songé, on dit que cela est arrivé par hasard. Jamais on ne dit de celui qui agit par son libre arbitre, de telle sorte qu'il puisse agir ou non, qu'il agit par hasard, lors même qu'il agit. Car, de cette façon, toutes les actions humaines se feraient par hasard; ce qui est absurde. C'est le *nécessaire* et le *libre* qui sont contraires, et non le *nécessaire* et le *fortuit*. Bien que la volonté de Dieu soit éternelle, il ne s'ensuit pas que le monde soit éternel, parce que Dieu a pu déterminer, de toute éternité, qu'il créerait le monde dans un temps donné.

Vous niez ensuite que la volonté de Dieu ait jamais été indifférente, ce que je n'accepte pas; et il n'est pas indispensable, comme vous le pensez, d'apporter une si grande attention sur ce point. Tous ne disent pas que la volonté de Dieu est nécessaire, car cette affirmation enveloppe la nécessité; et qui attribue à quelqu'un la volonté, entend par là que celui-là peut agir ou non, selon son bon vouloir. Mais, si vous lui imputez la nécessité, alors il doit agir nécessairement.

Enfin, dites-vous, vous n'accordez à Dieu aucun attribut humain, pour ne pas confondre la nature divine avec la nature humaine; ce que j'approuve dans une certaine mesure; car nous ne percevons pas comment Dieu agit, ni de quelle manière il veut, il comprend, il pèse les choses, il voit, il entend, etc. Mais si vous niez que ces opérations et nos contemplations les plus élevées sur Dieu ne se trouvent pas éminemment et métaphysiquement en lui, alors je ne sais pas ce que c'est que votre Dieu, et ce que vous entendez par ce mot *Dieu*. Ce que l'on ne perçoit pas, il ne le faut pas nier.

L'âme, qui est esprit et incorporelle, ne peut agir qu'avec les corps les plus subtils, c'est-à-dire avec les fluides. Et quel est le rapport entre l'âme et le corps? Comment l'âme agit-elle avec les corps? Elle se repose sans eux; et, si les corps sont troublés, l'âme fait le contraire de ce qu'elle devait faire. Montrez-moi comment cela se fait. Vous ne le pourrez pas, ni moi non plus. Nous voyons cependant et nous sentons que l'âme agit, ce qui reste la vérité, bien que nous ne percevions pas de quelle façon se fait cette opération.

Semblablement, quoique nous ne saisissions pas comment Dieu agit, et que nous ne voulions pas lui attribuer les actes humains, il ne faut pas nier de lui, cependant, que ses actes, tels que vouloir, comprendre, voir, entendre, non par les yeux et les oreilles, mais par l'entendement, ne concordent éminemment et incompréhensiblement avec les nôtres; de la même façon que le vent et l'air peuvent renverser et détruire des pays et des montagnes, sans le secours des mains ou d'autres instruments : chose impossible pourtant aux hommes, s'ils ne font usage de bras et de machines.

Si vous imputez à Dieu la nécessité, et si vous le privez de la volonté ou du libre choix, on pourrait douter que celui qui est l'être souverainement parfait, ce ne soit pas une sorte de monstre que vous exhibez et que vous dépeignez.

Pour atteindre votre but et jeter les fondements de vos théories, il sera besoin d'autres raisons; car, à mon avis, on ne trouve aucune solidité dans celles que vous apportez; et, si vous parveniez à les prouver, il en reste encore d'autres qui balanceront probablement les vôtres. Mais laissons cela de côté, et poursuivons.

Pour confirmer qu'il y a des esprits dans le monde, vous demandez des preuves démonstratives. Il y a bien peu de ces preuves parmi les hommes; et, à l'exception des mathématiques, on n'en trouve aucunes qui aient le degré de certitude que nous désirons. C'est pourquoi nous nous contentons de conjectures probables, comme si elles étaient vraisemblables.

Si les raisons, à l'aide desquelles on prouve les choses, étaient des démonstrations, il n'y a que les sots et les entêtés qui y contrediraient. Mais, cher ami, nous n'avons pas ce bonheur. Dans le monde, nous ne prenons pas tant de soin. Nous faisons de temps en temps une conjecture; et, dans nos raisonnements, à défaut de démonstration, nous prenons cette conjecture pour probable. On le voit bien clairement par les controverses et les disputes dont sont pleines toutes les sciences divines et humaines; controverses si nombreuses, qu'elles sont la cause de cette multitude d'opinions différentes que nous trouvons chez les uns et chez les autres.

C'est de là, comme vous le savez, que naquirent autrefois les philosophes appelés sceptiques, lesquels doutaient de toutes choses. Ils discutaient le pour et le contre, afin d'en tirer le probable, à défaut de raisons vraies; et chacun d'eux croyait ce qui lui paraissait le plus probable. La lune est placée au-dessous du soleil, et c'est pourquoi le soleil est caché en un certain lieu de la terre; et si le soleil n'est pas caché, tandis qu'il fait jour, c'est que la lune n'est pas placée directement au-dessous de lui. C'est là une preuve démonstrative de la cause à l'effet, et de l'effet à la cause. Il y a quelques preuves de cette sorte; mais il en est un bien petit nombre qui ne puissent être contredites par personne, si toutefois on les perçoit.

Quant à la beauté, il y a certaines choses dont les parties, au regard d'autres choses, sont bien proportionnées et mieux composées; et Dieu a donné à l'entendement et au jugement de l'homme, l'accord et l'harmonie avec ce qui est proportionné, et non avec ce qui n'a aucune proportion. C'est ce qui se passe dans les sons consonnants et dissonants. L'oreille sait parfaitement y distinguer la consonnance et la dissonance, parce que l'une lui fait plaisir, tandis que l'autre lui est désagréable. Une chose parfaite est belle aussi, en tant qu'il ne lui manque rien. On en trouve une foule d'exemples, que j'omets pour ne pas être trop long.

Envisageons seulement le monde, que l'on appelle le Tout ou l'Univers. S'il est vrai, comme cela est en réalité, qu'une chose parfaite est belle, le monde n'est nullement contrefait ou amoindri par des choses incorporelles. Ce que vous dites des centaures, des hydres, des harpies, etc., n'a pas sa place ici; car nous parlons des genres les plus universels des choses, et de leurs premiers degrés, qui comprennent sous eux des espèces variées et innombrables, comme l'éternel et le temporaire, la cause et l'effet, le fini et l'infini, l'animé et l'inanimé, la substance et l'accident ou le mode corporel et spirituel, etc.

Je dis que les esprits sont semblables à Dieu, parce que Dieu est esprit. Vous me demandez si j'ai des esprits une idée aussi claire que du triangle. Cela est impossible. Dites-moi, je vous prie, quelle idée vous avez de Dieu, et si cette idée est aussi claire à votre entendement, que l'idée du triangle. Je sais que non. Et c'est pourquoi j'ai dit que nous ne sommes pas assez heureux pour percevoir les choses par des preuves démonstratives, et que, généralement, c'est le probable qui prévaut dans le monde.

J'affirme néanmoins que, de même qu'il existe des corps sans mémoire, etc., de même la mémoire, etc., existe sans les corps; et de même également que le cercle existe sans la sphère, de même la sphère existe sans le cercle. Mais c'est là descendre des genres les plus universels, aux espèces particulières dont notre raisonnement ne traite pas.

Je dis que le soleil est le centre du monde, et que les étoiles fixes sont plus distantes de la Terre que Saturne; et celui-ci plus éloigné que Jupiter; et ce dernier plus loin que Mars; de telle sorte que, dans l'air indéfini, certaines choses sont plus éloignées de nous, et certaines autres plus rapprochées, que nous nommons plus hautes ou plus basses.

Ce n'est pas ceux qui soutiennent qu'il y a des esprits, qui diminuent le crédit des philosophes; mais bien ceux qui les nient, parce que tous les philosophes, tant anciens que modernes, se montrent convaincus que les esprits existent. Plutarque l'atteste dans son Traité sur les opinions des philosophes, et sur le génie de Socrate. Tous les stoïciens, les pythagoriciens, les platoniciens, les péripatéticiens, Empédocle, Maxime de Tyr, Apulée, et d'autres encore l'attestent également. Parmi les modernes, personne ne nie les spectres.

Rejetez donc tant de sages témoins oculaires et auriculaires, tant de philosophes, tant d'historiens racontant des faits de ce genre; affirmez qu'eux tous sont des sots, des insensés, comme le vulgaire. Vos réponses ne persuaderont pas. Elles sont absurdes. Elles ne touchent même pas çà et là l'objet de notre discussion; et vous n'apporterez aucune preuve pour confirmer votre opinion. César ne rit pas des spectres avec Caton et Cicéron, mais des augures et des présages; et, cependant, si le jour où il mourait, il ne se fût pas moqué de Spurina, ses ennemis ne l'auraient pas percé de mille coups. Mais en voilà assez pour cette fois, etc.

LETTRE XVII[1]

A MONSIEUR *****
B. DE SPINOZA

(*Réponse à la précédente.*)

La Haye, 1674.

Monsieur,

Je m'empresse de répondre à votre lettre, que j'ai reçue hier, parce que, si je tardais davantage, je serais forcé de différer ma réponse plus longtemps que je ne le voudrais. L'état de votre santé m'aurait donné de l'inquiétude, si je n'avais appris que vous vous portez mieux. J'espère que vous êtes maintenant complètement rétabli.

Qu'il est difficile à deux personnes suivant des principes différents, de pouvoir s'accor-

1. La LXe des *Posthuma*, inédite en français.

der sur un sujet qui dépend de beaucoup d'autres, et de penser de la même manière, c'est ce que montre clairement cette seule question que nous agitons, encore qu'aucune raison ne la démontre.

Dites-moi, je vous prie, avez-vous vu ou lu des philosophes partageant cette opinion : que le monde a été fait par hasard, au sens où vous l'entendez? C'est-à-dire que Dieu, en créant le monde, a eu un but fixé d'avance, et que, néanmoins, il a transgressé ce qu'il avait décrété. Je ne sais quoi de pareil soit jamais tombé dans la pensée d'un homme. De même, je ne saisis pas les raisons par lesquelles vous vous efforcez de me faire croire que le *fortuit* et le *nécessaire* ne sont pas deux contraires.

Lorsque je remarque que les trois angles d'un triangle sont égaux nécessairement à deux droits, je nie que cela se fasse par hasard. De même lorsque je vois que la chaleur est un effet nécessaire du feu, je nie aussi que cela arrive fortuitement.

Dire ensuite que le *nécessaire* et le *libre* sont deux contraires, ne me paraît pas moins absurde et opposé à la raison ; car personne ne peut nier que Dieu ne se connaisse librement lui-même, et toutes les autres choses; et tous, cependant, accordent, d'un commun suffrage, que Dieu se connaît lui-même nécessairement. C'est pourquoi vous ne me semblez établir aucune différence entre la contrainte ou la violence, et la nécessité.

Que l'homme veuille vivre, aimer, etc., ce n'est point là un acte de contrainte, et cependant c'est un acte nécessaire. Et bien plus nécessaire est-il que Dieu veuille être, connaître et agir.

Si, outre ce que je vous ai dit, vous aviez réfléchi que l'indifférence n'est que l'ignorance ou le doute, et qu'une volonté toujours constante et déterminée en toutes choses est la vertu, et une propriété nécessaire de l'entendement, vous auriez vu que mes paroles s'accordent entièrement avec la vérité.

Si nous affirmons que Dieu a pu ne pas vouloir une chose, et n'a pu ne pas la comprendre, nous attribuons à Dieu diverses libertés, l'une nécessaire, l'autre indifférente. Conséquemment, nous concevrons que la volonté de Dieu est différente de son essence et de son entendement; et, ainsi, nous tomberons d'une absurdité dans une autre.

L'attention que j'avais réclamée de vous, dans ma précédente lettre, ne vous a pas paru nécessaire; et c'est pourquoi vous n'avez pas fixé votre pensée sur le principal des questions, et que vous avez négligé ce qui importait le plus à l'affaire.

Quand vous me dites ensuite que si je nie que l'acte de *voir*, d'*entendre*, de faire *attention*, de *vouloir*, etc., soient *éminemment* en Dieu, alors vous ne saisissez pas quel peut être mon Dieu, je vous soupçonne de croire qu'il n'y a pas de perfection plus grande que celle des attributs que vous énumérez. Et je n'en suis point surpris. Car, si le triangle avait la faculté de parler, j'estime qu'il dirait, de la même manière, que Dieu est *éminemment triangulaire;* et le cercle dirait également, par une raison *éminente,* que la nature divine est *circulaire;* et, ainsi, chaque chose assignerait ses attributs à Dieu, et se rendrait semblable à lui, et tout le reste lui paraîtrait hideux.

Le cadre restreint d'une lettre, et le manque de temps, ne me permettent pas de vous développer mon opinion sur la nature divine, non plus que sur les questions que vous me proposez; outre que soulever des difficultés, n'est pas apporter des raisons.

Il est bien vrai que, dans le monde, nous faisons beaucoup de choses par conjecture; mais il est faux que nos méditations se produisent par conjecture. Dans la vie ordinaire, nous sommes forcés de suivre le vraisemblable; mais, dans les spéculations de l'esprit, il nous faut poursuivre la vérité.

L'homme périrait de faim et de soif, s'il refusait de prendre la nourriture et la boisson qui lui sont nécessaires, avant d'avoir obtenu une démonstration parfaite. Mais ce n'est pas le cas dans les contemplations de l'intelligence. Tout au contraire, il nous faut bien prendre garde d'admettre quoi que ce soit, comme vrai, qui soit seulement vraisemblable. Car, dès que nous avons admis une fausseté, une infinité d'autres s'ensuivent.

D'autre part, de ce que les sciences divines et humaines fourmillent de contestations et de controverses, l'on ne peut en conclure que tous les sujets qui y sont traités, sont incertains; encore qu'il se soit rencontré nombre de raisonneurs animés d'une telle fureur de contradiction, que les démonstrations géométriques ne trouvaient même pas grâce à leurs yeux. Sextus Empiricus et les autres sceptiques que vous citez disent qu'il est faux que le tout soit plus grand que sa partie; et ils portent un jugement semblable sur les autres axiomes.

Ceci laissé de côté et accordé que, à défaut de démonstrations, nous devons nous contenter des vraisemblances, je dis qu'une démonstration vraisemblable doit être telle, que nous ne puissions y contredire, encore qu'il nous soit permis d'en douter; parce que ce que l'on peut contredire ne ressemble pas au vrai, mais au faux.

Si je dis, par exemple, que Pierre est vivant, parce que je l'ai aperçu hier en bonne santé, j'énonce un fait qui semble vrai, tant que personne ne vient me contredire. Mais si un autre affirme qu'il a vu Pierre, hier, tomber en défaillance, et qu'il croit bien qu'il en est mort, celui-là fait paraître fausses les paroles que j'ai prononcées.

Quant à vos conjectures sur les spectres et les esprits, je vous ai montré si clairement qu'elles sont fausses, et ne paraissent pas même vraisemblables, que je ne trouve rien dans votre réponse qui soit digne de remarque.

A la question que vous me posez : si j'ai de Dieu une *idée* aussi claire que du triangle. Je réponds : *Oui.*

Que si vous me demandez : — Avez-vous de Dieu une *image* aussi claire que du triangle?

Je réponds : *Non*. Car *nous ne pouvons pas imaginer Dieu;* mais seulement le comprendre.

Et remarquez ici que je ne dis pas que je connais Dieu entièrement, mais certains de ses attributs. Certains, dis-je, et non pas tous, ni même la plus grande partie. Et il est assuré que cette ignorance où je suis du plus grand nombre des attributs de Dieu, ne m'empêche pas d'avoir la connaissance de quelques-uns.

Quand j'apprenais les éléments d'Euclide, je compris tout d'abord que les trois angles d'un triangle étaient égaux à deux droits; et je percevais clairement cette propriété du triangle, quoique j'en ignorasse beaucoup d'autres.

Pour ce qui est des spectres et des esprits, jusqu'ici je n'ai recueilli à leur sujet aucune propriété intelligible ; mais seulement des fantaisies que personne n'est capable de comprendre.

Quand vous dites que ces spectres et ces esprits, qui habitent plus bas (pour parler votre langage, bien que j'ignore si la matière a moins de prix plus bas que plus haut), sont composés d'une substance très ténue, très rare et très subtile, vous semblez parler de toiles d'araignée, d'air ou de vapeurs.

Dire que ces spectres et ces esprits sont invisibles, vaut autant pour moi que si vous disiez ce qu'ils ne sont pas, au lieu de dire ce qu'ils sont; à moins, peut-être, que vous ne vouliez marquer que ces esprits se rendent tantôt visibles, et tantôt invisibles, au gré de leur caprice; et que l'imagination trouvera un certain embarras à expliquer la chose, comme dans les autres cas impossibles.

L'autorité de Platon, d'Aristote et de Socrate n'a pas auprès de moi grande valeur. J'aurais été fort surpris si vous m'aviez cité Démocrite, Epicure, Lucrèce, ou quelque autre des atomistes, et des défenseurs des atomes. Et il ne faut pas s'étonner que ceux qui ont commenté les qualités occultes, les apparences intentionnelles, les formes substantielles, et mille autres niaiseries, aient inventé des spectres et des esprits, et cru aux sibylles, afin de rabaisser l'autorité de Démocrite, dont ils jalousèrent à tel point la grande renommée, qu'ils jetèrent au feu tous ses ouvrages, publiés par lui avec un dévouement si digne d'éloges.

Si vous voulez croire à toutes ces insanités, quelles raisons avez-vous de nier les miracles de la Vierge divine et de tous les saints; miracles consignés par tant de célèbres philosophes, par tant de théologiens et d'historiens, que je pourrais en citer plus de cent de ces derniers, contre un à peine des autres?

Enfin, monsieur, je me suis étendu plus longuement que je n'en avais l'intention, et je ne veux pas vous créer plus longtemps d'ennuis sur des sujets que vous n'accorderez point, je le sais, parce que vous suivez des principes bien différents des miens, etc.

LETTRE XVIII [1]

A MONSIEUR LAMBERT DE VELTHUYSEN [2]

Docteur-médecin à Utrecht.

B. DE SPINOZA

La Haye, 1675.

Monsieur,

Je suis fort étonné que notre Néostade vous ait dit que je formais le projet de ré-

1. Cette lettre a été publiée pour la première fois, en latin, par M. Bruder, dans sa petite édition des œuvres de Spinoza (1843).

2. Le docteur Velthuysen s'occupait plus de théologie que de ses malades, à la grande satisfaction peut-être de ces derniers. Il avait fait communiquer à Spinoza ses remarques manuscrites sur le *Traité théologico-politique*. Est-ce la longue épître injurieuse et diffamatoire qui porte, dans les *Posthuma*, le n° XLVIII ? Ou est-ce un autre factum? Nous penchons pour cette dernière hypothèse. Toujours est-il que, après avoir écrit à ce Velthuysen, la présente lettre, Spinoza répondit à la diatribe XLVIIIe des *Posthuma*. C'est une des pages les plus éloquentes qui soient sorties de la plume de notre philosophe. On y sent toute l'indignation d'une âme honnête et généreuse, devant les insinuations venimeuses d'un sectaire enragé.

futer les écrits publiés depuis quelque temps contre mon *Traité théologico-politique;* et que, parmi ces écrits, je me proposais de réfuter votre manuscrit.

Je ne sache pas avoir jamais eu la pensée de réfuter aucun de mes adversaires, tant ils me paraissent tous peu dignes de réponse. Je me souviens n'avoir dit à M. Néostade que ceci : c'est que je me proposais d'expliquer par des notes, les passages les plus difficiles de mon *Traité* [1], et d'y joindre votre manuscrit, avec ma réponse, si vous vouliez bien le permettre.

J'ai prié M. Néostade de vous demander cette autorisation, ajoutant que si vous vous refusiez, par hasard, à l'accorder, parce que vous auriez trouvé dans ma

1. Spinoza écrit la même chose à Oldenburg, en 1675. « Je désire éclaircir ce Traité par certaines notes, et détruire, s'il se peut, les préjugés conçus à son égard. » (*Lettre XIX*e des *Posthuma.*)

réponse, quelques expressions trop dures, vous aviez tout pouvoir de corriger ou de supprimer ces expressions.

Je ne suis nullement irrité contre M. Néostade; mais j'ai voulu vous faire connaître la chose telle qu'elle est, afin de vous montrer, si je ne puis obtenir de vous l'autorisation demandée, que je n'ai jamais eu l'intention de publier votre manuscrit, malgré vous.

Et, quoique je sois persuadé que cette publication se peut faire sans nul dommage pour votre réputation, surtout si votre nom n'y est pas mis, je m'abstiendrai néanmoins, à moins que vous ne me donniez la permission de publier.

Mais, pour dire vrai, vous me feriez un bien grand plaisir, si vous vouliez consigner, par écrit, les arguments à l'aide desquels vous pensez pouvoir combattre mon

Traité, et les ajouter à votre manuscrit. C'est ce dont je vous prie très vivement, car il n'est personne de qui je désire examiner plus volontiers les objections. Je sais, en effet, que c'est le seul amour de la vérité qui vous guide, et je connais la sincérité de votre âme.

C'est pourquoi je vous prie de nouveau, avec instance, de vouloir bien vous mettre à ce travail, et de me croire votre très humble serviteur.

LETTRE XIX [1]

A M. B. DE SPINOZA

G. H. SCHALLER, D.-M. [2]

(*Extrait.*)

Amsterdam, 14 novembre 1675.

..... Tschirnhausen [3] raconte, en outre, qu'il a trouvé à Paris, un homme d'une

1. Cette lettre a été publiée pour la première fois en latin, par M. Van Vloten, en 1862.

2. Le docteur Schaller était un affilié du Collège spinoziste.

3. Tschirnhausen, célèbre mathématicien du XVIIe siècle, est né dans le royaume de Saxe, en 1651.

En 1674, il vint en Hollande, et s'établit à Amsterdam; s'occupant de philosophie, et se liant avec les affiliés du Collège spinoziste.

Par l'entremise de Schaller, il commença de correspondre avec Spinoza. Il se rendit même auprès de lui, à La Haye, afin de lui demander de lui enseigner la méthode dont il se servait pour rechercher les vérités *non encore connues :* ce que Spinoza s'empressa de faire avec sa bonne grâce habituelle.

Tschirnhausen quitta bientôt la Hollande, passa en

8

érudition insigne, très versé dans toutes les sciences, et dégagé des préjugés vulgaires de la théologie. Il se nomme Leibnitz.

Tschirnhausen s'est lié avec lui d'une étroite amitié, comme une occasion de continuer auprès de lui de perfectionner son entendement...

Il est très exercé, dit-il, dans les questions morales, et il parle sans passion, sous la seule conduite de la raison. La physique, ajoute-t-il, et surtout les études de métaphysique, sur Dieu et sur l'âme, n'ont point de secret pour lui.

Angleterre, où il vit Oldenburg et Boyle; et, muni d'une lettre d'introduction d'Oldenburg, il vint à Paris auprès de Leibnitz. Il se lia avec lui d'une étroite amitié, jusqu'à avoir une table d'études commune; et, peu après, sur la recommandation de Huyghens, dont nous avons déjà parlé, il fut accepté par Colbert, comme professeur de mathématiques de son fils.

M. de Tschirnhausen a pu voir Spinoza de près. Il a conversé familièrement avec lui. Il a mis largement à contribution son savoir et sa bonne volonté. On aurait aimé à trouver de lui quelques lignes appréciant l'homme et le penseur.

Il conclut enfin que M. Leibnitz est très digne que vos écrits lui soient communiqués, si vous voulez bien le permettre; et il croit qu'il en résultera pour vous de grands avantages, ainsi qu'il se propose de vous le démontrer longuement, si vous le désirez. Mais, si vous êtes d'un avis contraire, il dit que vous n'ayez aucun souci; que, selon la promesse sincère qu'il vous a faite, il ne communiquera pas vos écrits, et qu'il n'en a pas même fait la plus légère mention.

Ce même Leibnitz tient en très haute estime votre *Traité théologico-politique*, au sujet duquel, s'il m'en souvient, il vous a écrit un jour une lettre [1].

1. Ce n'est point au sujet du *Traité théologico-politique* que Leibnitz écrivit à Spinoza, en 1671, mais pour lui soumettre un petit mémoire qu'il venait de publier sous ce titre : *Notice de haute optique*.

Dans sa réponse, Spinoza propose à Leibnitz de lui envoyer un exemplaire de son *Traité*, si cela peut lui être agréable; mais nous ne sachions pas que Leibnitz ait rien écrit à cet égard à Spinoza.

Je vous prie donc, cher maître, si vous n'y voyez pas d'empêchement sérieux, de vouloir bien accorder, avec votre bienveillance habituelle, l'autorisation demandée ; et, plus tôt, si cela est possible, vous me ferez connaître votre résolution, plus tôt je pourrai répondre à notre Tschirnhausen : ce que je ferais mardi soir bien volontiers, si de graves obstacles ne vous forcent à retarder.

Bressère est revenu de Clèves, et il a envoyé ici une grande quantité de bière de son pays. Je l'ai engagé à vous en faire cadeau d'une demi-tonne. Il me l'a promis, en me chargeant pour vous de toutes ses amitiés...

LETTRE XX [1]

M. G.-H. SCHALLER, DOCTEUR-MÉDECIN
A AMSTERDAM

B. DE SPINOZA

(*Réponse à la précédente.*)

La Haye, 18 novembre 1675.

Respectable ami,

J'ai appris avec bien du plaisir, par vos lettres reçues hier, que vous étiez en bonne santé, et que notre Tschirnhausen avait heureusement accompli son voyage en France.

Dans les entretiens qu'il a eus avec M. Huyghens à mon sujet, il s'est conduit, à mon avis, avec toute la prudence dési-

1. Cette lettre a été publiée pour la première fois en latin, par M. Van Vloten, en 1862.

rable; et je me réjouis grandement qu'il ait trouvé une occasion si favorable pour le but qu'il se proposait [1].

Maintenant, qu'il ait trouvé, dans l'axiome IV de la partie I (de l'*Ethique*), une sorte de contradiction avec la proposition V de la partie II, c'est ce que je ne vois pas. On y affirme, en effet, dans cette Proposition, que l'essence d'une idée quelconque a Dieu pour cause, en tant qu'il est considéré comme chose pensante. Or, dans cet axiome IV, il y est dit que la connaissance ou l'idée de l'*effet* dépend de la connaissance ou de l'idée de la *cause*.

Mais, pour dire vrai, je ne saisis pas suffisamment le sens de votre lettre à cet égard; et j'estime que, soit dans votre lettre, soit dans la copie de Tschirnhausen,

1. Ce but était très vraisemblablement d'obtenir de M. Huyghens, qu'il le proposât à Colbert, comme professeur de mathématiques pour son fils : ce qui se fit en effet, comme nous l'avons dit précédemment.

il s'est glissé une erreur de plume courante.

Car vous m'écrivez que j'affirme, dans la Proposition V, que les *objets* sont la cause efficiente des idées, alors que je le nie expressément dans cette même Proposition. De là vient, selon moi, toute cette confusion. Et c'est bien inutilement que je m'efforcerais de vous écrire plus longuement, pour l'instant, sur ce sujet. Je vais donc attendre que vous m'ayez expliqué plus clairement la pensée de Tschirnhausen, et que je sache s'il possède une copie suffisamment nette.

Je pense avoir connu, par ses lettres, M. Leibnitz, dont parle Tschirnhausen. Pour quel motif s'est-il rendu en France, lui qui était Conseiller à Francfort? Je l'ignore.

Autant que j'en ai pu conjecturer par

ses lettres, il m'a paru un homme d'un esprit libéral, et versé dans toutes les sciences. J'estime, toutefois, qu'il serait inconsidéré de lui confier si vite mes écrits. Je désirerais auparavant savoir ce que M. Leibnitz fait en France, et connaître le jugement de notre Tschirnhausen à son égard, après qu'il aura fréquenté M. Leibnitz plus longtemps, et qu'il connaîtra plus intimement sa manière d'être [1].

Souhaitez du reste le bonjour à *notre ami*, M. Leibnitz, en mon nom; et, si je puis lui rendre service en quoi que ce soit, il me trouvera prêt en toutes circontances.

Je me réjouis du retour de notre excellent ami Bressère. Je le remercie vive-

1. Spinoza se défiait instinctivement de Leibnitz, et avec juste raison. En effet, Leibnitz consacra plusieurs années de sa vie à épiloguer sur les œuvres du maître, et à chercher à le réfuter. « *Mordaciorem qui improbo dente adpetit.* »

Courtisan plus que philosophe, bel esprit plutôt que

ment de la bière qu'il me promet, et je lui en témoignerai ma reconnaissance par tous les moyens en mon pouvoir.

grand esprit, amoureux d'honneurs, de renommée, de richesses, ne dévoilant de la vérité que juste ce qu'il en fallait pour ne pas se mettre à dos les puissances du siècle, Leibnitz devait nourrir une certaine antipathie contre cette haute et sévère figure de Spinoza, dont l'âme fière repoussait des honneurs offerts au prix de sa liberté, qui méprisait l'argent par-dessus toutes choses, et ne craignait pas de dire hautement, quelles qu'en pussent être pour lui les suites, ce qu'il croyait être le juste et le vrai.

Leibnitz est un mondain; Spinoza un solitaire. Leibnitz a inventé l'*éclectisme*, cette rhétorique lâche, qui encourage toutes les lâchetés; Spinoza a fondé la philosophie de la liberté et de la justice. Leibnitz, comme plus tard son émule Victor Cousin, tire humblement son chapeau devant les superstitions catholiques et autres, auxquelles il feint de croire, pour mériter les faveurs des princes et des clergés. Spinoza, durant sa vie entière, a combattu toutes ces superstitions, avec une intrépidité et une constance sans égales. Leibnitz, dans ses écrits, s'inquiète et se soucie peu du sort des petits, des faibles, des opprimés; Spinoza, profondément imprégné de l'esprit de solidarité qui unit tous les êtres, ne s'est proposé d'autre but, dans ses ouvrages, que l'amélioration intellectuelle, morale et matérielle de l'humanité.

Aussi, tout le fatras philosophique de Son Excellence M. le Conseiller du Grand-Électeur de Mayence est-il condamné à un irrémédiable oubli; tandis que l'œuvre de l'humble polisseur de verres de lunettes ne fera que grandir de jour en jour, avec le développement cérébral de l'espèce humaine.

Je n'ai pas encore essayé le procédé de votre parent, et je ne crois pas pouvoir appliquer mon esprit à cette expérience; car, plus j'y réfléchis, plus je me persuade que ce n'est pas de l'or que vous avez obtenu; mais que vous avez séparé un peu de ce métal, qui était renfermé dans l'antimoine.

Mais je vous parlerai plus longuement de ceci une autre fois; aujourd'hui, le temps me presse. Si je puis toutefois vous rendre service en quoi que ce soit, vous me trouverez toujours tout prêt et votre tout dévoué...

LETTRE XXI [1]

A MONSIEUR ****

B. DE SPINOZA

La Haye, 1675.

Monsieur,

Entre une idée *vraie* et une idée *adéquate*, je ne reconnais aucune autre différence, sinon que le mot de *vrai* s'applique seulement au rapport de l'idée avec son objet, tandis que le mot *adéquat* embrasse la nature de l'idée en elle-même; de telle sorte qu'il n'y a réellement aucune différence entre une idée vraie et une idée adéquate, si ce n'est cette relation extrinsèque.

1. Cette lettre est la LXIVe des *Posthuma;* inédite en français. Elle a été écrite à M. de Tschirnhausen, alors à Paris, en réponse à sa lettre portant le nº LXIII.

Et, maintenant, pour pouvoir connaître, de l'idée d'une chose quelconque, toutes les propriétés qui peuvent être déduites d'un sujet, j'observe seulement ceci : c'est que cette idée ou la définition de la chose exprime sa cause efficiente [1].

Ainsi, par exemple, pour découvrir les propriétés du cercle, je recherche s'il m'est possible de déduire toutes ses propriétés, de cette idée que le cercle est composé d'une infinité de rectangles. Je recherche, dis-je, si cette idée enveloppe la cause efficiente du cercle.

Comme elle ne l'enveloppe pas, je recherche une autre idée; celle-ci, par exemple : *que le cercle est un certain espace décrit par une ligne, dont un point est fixe et l'autre mobile.*

Or, cette définition exprimant une chose

1. C'est-à-dire ce que cette chose peut produire effectivement.

efficiente, je vois que j'en puis déduire toutes les propriétés du cercle, etc.

De même, si je définis Dieu l'être souverainement parfait, comme cette définition n'exprime pas de cause efficiente (j'entends une cause efficiente aussi bien interne qu'externe), je n'en pourrai tirer toutes les propriétés de Dieu.

Mais lorsque je définis Dieu, l'Être absolument infini, c'est-à-dire la Substance, composée d'une infinité d'attributs, dont chacun exprime une essence éternelle et infinie (*Ethique*, part. I, Définit. VI), je puis tirer de cette définition toutes les propriétés de Dieu.

Quant à ce que vous me demandez au sujet du mouvement, et sur la méthode d'acquérir les vérités inconnues, comme ces matières ne sont pas encore rédigées avec ordre, je me réserve de vous en parler dans une autre occasion.

Vous dites, ensuite, que celui qui considère les applications des courbes, en déduira un grand nombre de propriétés qui ont trait à leur dimension ; mais que l'on y arrivera beaucoup plus facilement, en considérant les tangentes.

Pour moi, je pense tout le contraire. Je crois qu'il sera bien plus difficile de déduire un grand nombre de propriétés des courbes en considérant les tangentes, qu'en observant les applications de ces courbes, selon leur ordre. Et je déclare, d'une manière absolue, que, de certaines propriétés d'une chose quelconque (quelle que soit l'idée donnée), les unes sont plus faciles à trouver, et les autres plus difficiles, quoique toutes aient pour objet la nature de cette chose.

Mais voici, à mon avis, ce qu'il faut surtout avoir en vue : c'est de rechercher une idée telle, que l'on en puisse tirer toutes les conséquences, ainsi que je l'ai dit plus haut. En effet, si l'on doit déduire tous les *possibles* d'une certaine chose, il s'ensuit nécessairement que les derniers seront plus difficiles à trouver que les premiers, etc.

TABLE DES MATIÈRES

Coulommiers. — Typ. Paul BRODARD et Cie.

www.ingramcontent.com/pod-product-compliance
Lightning Source LLC
Chambersburg PA
CBHW052100090426
42739CB00010B/2264

* 9 7 8 2 0 1 2 5 8 2 4 8 4 *